不器用なまま、踊りきれ。

超訳 立川談志

立川談慶
Dankei Tatekawa

サンマーク出版

人間一日だけ幸せになりたければ、床屋に行くといい。
一週間幸せになりたければ、結婚するといい。
一年幸せになりたければ、家を建てるといい。
一生幸せでいたければ、自分に正直であるといい。

今宵、幸せになりたかったら……

談志を聴くがいい。

——立川談志

プロローグ

不器用さが〝芸の幅〟になる

プロローグ

立川談志。

16歳で柳家小さんに弟子入りし、27歳で真打ち昇進。古典落語に現代に生きる人々の価値観や美意識、談志の哲学を織り交ぜた落語は熱いファンを獲得し続け、「客は『噺』を聴きにくるのではなく、『談志』を聴きにくる」と言われたほど。手塚治虫、石原慎太郎、ビートたけし、太田光（爆笑問題）など、談志を敬愛した有名人は数知れず。

そんな言わずと知れた天才落語家がこの世を去ってから、10年。

長年そばに付いていた弟子たちからしてみれば、洗脳や呪縛から逃れた10年であったとも言える。

振り返ってみればあっという間であるが、世間はあれからどうなったかしみじみ考えてみると、一つの仮説が浮かび上がってくることに気付いた。

それは――世の中、生前放たれたカリスマ落語家の言葉通りになっているのではないか――ということだ。

『人新生の「資本論」』（斎藤幸平著・集英社新書）が売れたことは「地球はもう限界だろ

うな」という日頃の談志の言葉の裏付けそのものであるし、「LGBT」についてはマクラで言っていた「男がつくった世の中がダメになった」ことの証明でもある。「日本経済の停滞」についてはサインにも書いていた「日本は貧乏が似合っている」ということなのだろう。

談志の理論は、予言だったのだ。

本当のことを言うと、談志がいなくなったという実感は全くない。

遺体に泣きすがるという儀式を経ていないこと、つまり談志との儀式的なピリオドが打たれていないことが一番だが、墓参りするたび、まだどこかにいるのではという感覚にすら包まれている。

特に私の場合は、不器用であるがゆえに前座時代を2~5年で二ツ目に昇進するところを、9年半もの時間を要した。前座とは、いわば修業の身である。常に師匠のそばにいて雑用をこなし、稽古を受ける。そんな時代が約10年も続いたのだ。

そんななかなかモノにならない弟子であった私に対して、真打ち（弟子をとることが許される一人前の落語家）昇進披露パーティーの席上で談志はこう言った。

「談慶という奴は不器用を絵に描いたような奴でした。俺がこっちに来いと言っているのにあっちへ行ってしまう。どうなるのかと思ったら、回り道しながらも私の基準を満たしました。さ、そうなると今度は、そういう回り道が芸の幅になるのです」

この言葉を聞いた瞬間は、「長い下積みは無駄ではなかった」と、伏線が回収された瞬間でもあった。つまり、理不尽と思われるような言いつけや、罵詈雑言《ばりぞうごん》に近い言葉の辻褄が合ったのだ。

談志は過激な表現を好むゆえに曲解されることも多かったが、発言の奥底には人間の本質をついたものが多かった。

ただ、談志の本意を汲み取ることは、難しい。

数年間、傍らで付きっ切りで過ごした私ですら、言葉の真意を測りかねることも珍しくなかった。

何か月も、何年も経ってから「あのときの言葉は、そういう意味だったのか」と、腑に落ちたこともある。

そして、下積み時代に浴びたこれらの言葉が、談志がいなくなってからの10年間、どれだけ心の支えになったことか。罵詈雑言のような言葉が、宝の山だったと気付いたのである。

この本は、そんな談志の言葉を、〝絵に描いたような不器用な奴である〟と評された筆者のフィルターを通して、不寛容で不透明な現代を生きる人々に理解しやすいように綴った本である。

談志がこの世を去って10年が経ち、本書を編纂《へんさん》し終えて、感じることがある。私を〝不器用な奴〟と評した談志だが、談志自身、決して器用ではなかった。いや、不器用であったと、言ってもいいだろう。

数々争いを起こし、師匠から破門され、落語協会（いわば落語界の大手事務所である）から脱退。大阪でヤクザに日本刀で斬り付けられたことも。天才につきまとう一種の〝あやうさ〟を感じ取ってか、かつて8代目林家彦六師匠は「この人は将来自殺してしまうのではないか」と危惧していたほどである。

しかし、談志は不器用ながらも、見事に自分の人生を生ききった。世の中に器用に合わせるのではなく、松岡克由《かつよし》という一人の男は「立川談志」として、不器用のまま踊りきった。

落語家でありながら、政界にまで進出したのが、その最大の証拠だろう。

談志はタレント議員ブームに乗り、参議院議員となり、三木内閣で沖縄開発庁政務次官に就任したことがある。

しかし記者会見に二日酔いの状態で現れ、記者に「公務と酒のどちらが大切か」と問われ「酒に決まってんだろ」と。2日後には、弁明予定だった参院決算委員会を欠席して高座に出演。

そんなこともあり、沖縄開発庁政務次官は36日で辞任した。

もちろん、本人に悪びれるところは全くなかった。

「俺が次官になったから、『沖縄開発庁』の存在を初めて知った奴も多いはずだ」

また談志は、自分が〝叩かれやすい〟と自覚をしていた。

「俺はいつも威張っているだろう？　だから叩きやすいんだよ。でも俺だってやり返すかもしれないよ。人を殺したって、刑務所行って帰ってくりゃいいだけだ。死刑になってもいい。まあ、馬鹿馬鹿しいからやらないだけ」


こんな毒舌も吐いていた。

しかし、こんな過激発言も、毒のある言葉も、全て落語のためだったのだ。メディアに出て、毒舌、過激な発言をすることで談志個人に注目が集まる。やがて落語界も注目され、さらなる落語復興につながる。そんなサイクルを願っていたのだ。

つまり「落語を聴いてほしい」「落語を知ってほしい」というピュアな思いだけでは、通用しない。

談志は、そう見抜いていたのだ。

「落語のためなら、俺は叩かれやすい人間になろう」

談志は、恐らくそう割り切っていた。

だからこそ、政治家になり、国政の場でも炎上を繰り返していたのだ。

言い換えると、松岡克由という男は、「叩かれやすい男・立川談志」というキャラクターとして生ききった。踊り抜いた。その姿は決して器用ではなかったかもしれない。しかし踊りきった（＝キャラクターを一貫させた）という事実が大事なのだ。

前座の頃からの持ち前のリズムとメロディがメインの完成度の高い落語、そして不協和音をもたらさない調子よく周囲に合わせる立ち居振る舞いをデフォルトとしていたら、落語協会の会長としておとなしく収まっていたはずだろう。そんな姿を想像すると、語弊があるが談志は不器用だったとも言えるのではないか。

「狂気と冒険」とを合言葉に、落語家人生を踊りきり、踊り抜いたのだ。

そんな躍動感あふれる人生こそが「談志流ありのままな生き方」であり、ありのままの生き方をキープし続ける姿を本当の意味での〝努力〟と呼んだのだろう。つまり、談志こそ真の努力家で、「覚悟のない凡百の努力」を唾棄《だき》していただけだったのだ。

談志の〝踊り抜く〟という覚悟は、現代を生きる私たちにも大きな示唆を与えてくれる。

「どんなに不遇の時代であっても、不器用なまま、踊りきれ」

そんな談志の声を感じ取っていただければ、弟子の一人として大変嬉しく思う。

第1章　努力と成功

第2章 仕事の流儀

第3章 幸せと金と欲望

第4章　社会と優しさ

第5章 何を信じるか

ブックデザイン　三森健太（JUNGLE）
編集協力　山守麻衣
校正　槇　一八
DTP　辻井　知（SOMEHOW）
編集　淡路勇介（サンマーク出版）

第1章
努力と成功

努力とは
馬鹿に恵《あた》えた夢である。

立川談志

努力論

01

Effort and success

「努力します・した」と言っている時点で三流です

願っていた通りの結果を出せなかったとき。
「頑張ったのになぁ」「努力したのになぁ」
そう言って悔やんではいないだろうか。

頑張ったプロセス（過程）が大事、という考え方も、場合によってはもちろん重要だ。たとえば、低年齢の子供たちの躾《しつけ》や教育の現場では、結果より過程が重視されることも多いだろう。

しかし、入学試験や資格試験、入社試験、はたまた社会人になってからの業績については、結果でしか評価されない。

ましてやプロの世界で「頑張ったのですが、納期に間に合わせることができませんでした」などという言い訳は通用しない。

実際私は、二ツ目から真打ちに昇進したとき、談志に大目玉を食らった覚えがある。談志に「あとはお前のセンスだけだ」と言われ、「努力します」という言葉を不用意に返してしまい、訂正された。

「〝努力〟とは馬鹿に恵《あた》えた夢だ、真打ちにもなって、お前は何を言っているんだ」

「プロとは努力することが大前提なのに、それをわざわざ口に出してどうする」という意味だったのだろう。結果が出ずに「努力したのですが」と言い訳するのはもちろんのこと、「努力します」という心意気さえ許さなかった。

このように談志は「努力する姿勢」ではなく「結果を出すこと」に拘泥《こうでい》した。「結果」も、もちろん自己判断ではなく、客観的な評価を重んじた。「評価は他人が決める」というわけだ。

また、その道の専門家であるのに、努力だけに溺れる人間を軽蔑していた。「現実こそが事実」と唱え、夢や理想などを抱いているだけの人間を唾棄してもいた。

いい年になれば、努力ではなく結果で判断する姿勢も大事である。

努力をしているだけで、安心したり、自己満足に浸ったりしてはいないだろうか。「自分は結果だけで勝負する」

そんな覚悟を決めれば、余計なことに時間や手間を取られずにすむ。
少なくとも、自分を大きく見せるための小細工などは、しなくなるはずだ。

成功する人

02

Effort and success

努力とは結果を出せない人間の道楽である

どんな人間が結果を出せるのか。答えは明白だ。

〝自分は今、努力をしている〟

そんな自覚すらない人間が、目覚ましい結果を軽々と叩き出していく。「努力しなきゃ」などと重荷に感じているうちは、まだまだなのである。


わかりやすいたとえがある。

元横綱千代の富士（九重親方）が1990年に、史上初の通算千勝に到達した。あくる年立川流に入門した私だったが、練馬の自宅で報道番組を見ていた談志が、「千代の富士は努力の人です」と称えていた有識者のコメントに対して、突然こうつぶやいた。

「いや、千代の富士は努力じゃねえんだよ。ああいうふうに千回勝たなきゃ、彼自身が不快だったんだよ」

つまり談志は「千代の富士は自分の不安を解消するために千勝した」と捉えたよ

うだった。

人間は苦痛や不快、不安感を本能的に避けようとする習性がある。千代の富士の脳内では、すでに「自分は通算千勝に到達する」という目標が〝過去に成し遂げられた事実〟(虚)としてインプットされていた。だから現実世界で、目標が実現しない状態(実)には、違和感がある。虚実のギャップを不安(不快)に感じる。

だから彼自身、現実世界でも、目標を早く実現させようとして振る舞い、その結果、ハイスピードで通算千勝に至ったのだろうと。この談志の理論には、感嘆した。


談志の理論を敷衍《ふえん》して考えると……。

「結果を出すために頑張らねばならない」と自分で自分を鼓舞しながら努力をしていたり、「偉いね」と他人様から褒められたいがために努力をしていたりするうちは、結果など出せるわけがない。ましてや「この目標を達成できるだろうか」と、自身が懐疑的な場合、話にならないだろう。

「目標を達成しないと不安(不快)に感じる」というレベル。

そんな域に達することが、大事なのだ。

究めようとする人間には「努力をしている」という感覚などない。

「〝努力〟とは馬鹿に恵えた夢」という、談志のよく知られた名言があるが、「努力とは〝結果を出せない人間〟の〝道楽〟」とも言い換えられるだろう。

03 Effort and success

自分の好きなものくらい、自分で徹底的に守り通せ

もし談志に「ちゃんと生きなよ」と言われたら、あなたはどう解釈するだろう。

まさかありきたりのイメージを、連想することはあるまい。

「有名大学を卒業して、世間体のいい企業に就職し、それなりの年齢になったら家庭を築き、よき社会人になって、世の中に広く貢献する……」

談志が言うところの「ちゃんと生きなよ」に補助線を引くと、次のようになる。

「〝常識的なものさし〟に合致した生き方なんかにとらわれるな。自分独自の基準で、人生を切り拓いていけ」

つまり「自分がいいと信じたものを、死ぬまで大事にしろ」という意味になる。

自分の意志で「いい」と選び取ったにもかかわらず「常識に外れる」「世間体が悪い」「親に反対された」「食っていけない」などの理由で中途で放棄する人間も、世の中には少なくない。できればそうならずに「自分自身を一貫させろ」。それが、談志からのメッセージだ。

たとえば、将来は職人になりたいのに「皆が行くから」という理由で、全く関係のない大学の学部に進学したり。転職をしたいのに「親に止められたから」という理由で、安定した職場に留まり続けていたり。
人間とは弱いもので、ちょっとした外圧から自分のポリシーを曲げてしまうこともあるのだ。人生の一時期、何かを大事にしていても、「大事にし続ける」ということは、難しいものなのだ。
かくいう談志は、一貫して落語を愛していた。テレビはじめメディアへの露出を厭《いと》わなかったのも、「自分が注目されることが、回り回って落語界の発展につながる」と、直感的にわかっていたからだろう。落語に殉じた一生だったのだ。「努力」という言葉を嫌っていた談志だったが、〝自分の好きな落語を守り抜くための努力〟は厭わなかった。

そんな談志は、「二ツ目」になれず、不器用にもがき続けている私に最高の口説き文句を贈ってくれた。

「俺に殉じてみろ」

談志から見れば、私の覚悟はまだまだ足りないように映っていたのだろう。

「人様に何と思われようと、自分自身との約束くらい、ちゃんと守れ」

「自分自身に忠実であれ」、それが談志の真意だったのだろう。

「自分自身に忠実であることは、他人に忠実であるよりはるかに難しい」

談志はそう見抜いていたのだ。

04 Effort and success

努力の方向

世間体を守るために
する努力なんて、
バカのすることだ

ドラマ化もされた大人気漫画『逃げるは恥だが役に立つ』。

この印象的なタイトルは、ハンガリーのことわざに端を発しているらしい。

「問題と向き合わずに逃げることは、普通に考えると恥ずかしいことだが、むしろそれが最善の解決策になることがある」

そんな意味合いだそうだ。諸説あるが、モンゴルなどの狩猟民族の場合は、「逃げること」が立派な戦略とされてもいるそうだ。

つまり、「逃げる＝恥」という感覚は、農耕民族である日本人特有のものなのだ。

この感覚は、今後ますます重要になっていくことだろう。


談志は色紙にサインを求められたとき、よく「逃げろ！」と書いていた。

それは字義通り「自分が敵《かな》わない相手に、まともに立ち向かうな」という意味だっただろう。さらには「自分とソリが合わないもの、違和感を覚えるもの、納得できないものに、無理して迎合をするな」という意味も込められていたように思う。なぜなら談志は「嫌ならやめろ」が口癖だったからだ。

実際、談志率いる「立川流」という一門は、「去る者追わず」を体現した組織だった。

思い返すと、二ツ目や真打ちを目前にして、談志のもとを去っていった弟子たちの数は枚挙に暇《いとま》がない。「それぞれの立場や言い分があるだろうから、引き留めることはしない」というのが談志のポリシーだった。

さらに言うと、自身の長男が「有名大学を中退する」と決めたときも、引き留めることはなかった。

「行きたくなきゃ行かなくていい」
「行きたくない奴に行けと言っても無理」

よくそう口にしていたが、全てご長男の気持ちを尊重してのことだった。

もしあなたが「仕事を辞めたい」「今の職場から逃げ出したい」と思っているならば。世間体や外聞などはさておき、その気持ちに従ってみるのもよいかもしれない。

その理由にパワハラ、セクハラなどの要素があるのなら尚更だ。

現代日本においても「逃げること」は全く恥ではない。

心身に不調を来《きた》す前に「逃げること」は立派な生存戦略なのだ。

「逃げたい」という率直な感情は、野生の本能の名残り。それに〝見て見ぬ振り〟をするなんて、自分自身に失礼だとは思わないか。

世間体を守るための努力なんて馬鹿のやることだ。「逃げること」は自分らしく生きるために必要不可欠なんだ。

05 Effort and success

ケチであれ

談志はよく言っていた。

「ケツはちゃんと拭くこと」

もちろん、トイレでの話ではない。人生のあらゆることについて、当てはまる教訓だ。メディアが報じたがる無鉄砲で自由奔放なキャラクターとは裏腹に、「ちゃんとすること」に重きを置く人間だったのだ。実際、弟子たちはいろんな場面で「後始末はきちんとしておけよ」と注意をされてきた。中でも印象に残っているのは「火と刃物には気をつけろ」という談志の言葉だ。「不始末によって、自分も周りも傷つけてしまうから」というのがその理由。特に前座時代、談志の家に出入りをしている時期、台所に立つたびに聞かされた覚えがある。

もう一つ忘れてはならないのが、金銭面での「後始末」だ。

意外に聞こえるかもしれないが、談志は吝嗇家《りんしょくか》、つまり超絶ケチな人間だった。「借金がある」だの「金銭トラブルを起こした」だのという話を聞いたことがない。

つまり、談志は金の面においてもきちんとしていたのだ。

また、談志はギャンブルも一切しない。「どんな賭け事も、胴元が儲かる仕組みになっている」

そんな本質を見抜いていたからだろう、競馬にもパチンコにも手を出さなかった。昼間から酒を飲むわけでもない。暇があれば、落語の稽古したり、難しい理屈を並べ、あれこれネタをつくったり……つまり全人生を落語に賭けていた。

そのうえ、節約家でもあった。「自宅の水道の壊れた蛇口を直せ」と言われ、ガムテープでぐるぐる巻きにして補修すると「よくやった」と褒められた覚えがある。つまり、普通なら業者を呼ぶようなレベルのことでも自分たちで直し、金を節約することに、談志は大きな喜びを見出していたのだ。

裏を返せば、それらが食料難、物資難の戦後を生き抜いてきた苦しい記憶の反動なのかもしれない。そんな人間が、自分から金銭トラブルを引き起こすわけがない。

人様に迷惑をかけない。無駄遣いもしない。

それは現代でも立派に通用する〝清廉さ〟だと言えはしまいか。

06 Effort and success

努力論

汗をかきたがらない
人間に、未来などない

職業に貴賤《きせん》はない。どんな手段であろうと、プロとしてお金をいただくことは尊いものだ。とはいえ「金やものを右から左に移すだけで、商売になる世界」というのも、一部には存在する。談志はそんな仕事を、忌み嫌っていた。

「キーボードを叩くだけで難なく稼いだ金と、農家が気候に翻弄されながらやっとこさ稼いだ金。見極めがつくよう色を変えておけ」

それが談志の持論だった。

もちろん、「キーボードを叩くだけで稼ぐ」側にも言い分はあるだろう。蓄積した知識やセンスをフル稼働して、辿り着いた稼ぎ方であるに違いない。

とはいえ「いかに楽に、スマートに、速くマネタイズするか」という点に注目が集まりすぎると、社会全体が成り立たなくなってしまう。

また、「額に汗して稼ぐ〝泥臭い仕事〟」を見下す風潮も出てきてしまう。

だから談志は、体を使って汗をかくことに、ずっと重きを置いていた。

実際、彼は亡くなるまで毎年、新潟県新潟市西蒲区夏井に自分の田んぼを持ち、農作業のためによく通っていた。田植えや稲刈りなどに、精を出していたのだ（現在は「談志の田んぼプロジェクト」として市民の手によって管理されている）。

〝俺はこの田甫《たんぼ》を愛してる　文句あるか。立川談志〟

そんな書を収めた看板を、今でも見ることができる。

つまり、どんなに文明が進化しても、どんなに便利な世の中になっても、体を一生懸命に使い、汗をかくことは大事なのだ。

それが太古の昔から、人にとっての根源的な営みなのだ。

〝汗をかくことを忘れた現代人〟には、やがて様々な歪みが生じ、自分自身の首を絞めていくことになるだろう。すでに我々は、肥満や生活習慣病をはじめ、様々な〝歪み〟に直面しているではないか。

「儲けりゃいい」という拝金主義は、社会全体を確実に狂わせていく。

さらに言えば、「楽して稼ぐこと」を是とする〝ホワイトカラー至上主義〟は、私たち現代人ひとりひとりを、より弱体化させていく。

「汗をかくこと」を嫌がる人間に、未来などない。

談志はそう言いたかったんじゃないかと田んぼを見るたびに思う。

07 Effort and success

その世界の上流の古典には必ず目を通せ

芸術、科学、スポーツ、はたまたビジネス。どんな分野にも必ずと言っていいほど、目覚ましい業績を残した先達が存在するものだ。

もしあなたがその世界で生きていきたいと願うなら、その〝財産〟をひと通り吸収しない手はないだろう。

先人たちの偉大な過去の遺産に触れるたびに、〝今の自分が最大限の努力を積み重ねて生み出したもの〟がいかにちっぽけなものか、痛感するはずだ。

それどころか「自分が独自に考えた」と豪語したくなるアイディアやテクニックを、先人たちがとっくに形にしていたりすることもある。

実際、私たちのような落語家は、過去の〝名人〟たちの口演を、若い頃からテープが擦り切れるほど聴いている。どの落語家もそうだ。そんな蓄積もなしに、二ツ目、真打ちと昇進していけるわけがない。

モダンで現代的なイメージがつきまとう「お笑い芸人」の世界も、然り。

たとえば松本人志さんは、尊敬する人として志村けんさん、藤山寛美《かんび》さん、そして桂枝雀《しじゃく》師匠（2代目）などを挙げている。

藤山寛美さんは、戦後昭和の上方喜劇界を代表する喜劇役者。

そして、枝雀師匠も戦後の上方落語界を牽引した人気落語家。

つまり、「平成の笑いをつくった天才」と称される松本さんでさえ〝上流〟にある〝古典〟に影響を受けたということになる。

誰にも影響を受けない〝純粋培養の天才〟など存在しない。


自分が究めたい分野を見つけたら、その上流を辿るべし。

そこにはきっと肥沃な原野があるはずだ。

さらに言うと、自分の専門分野以外の古典に触れることは、人生をさらに豊かにしてくれる。談志は落語界に限らず、各ジャンルの一流に接するよう教えてくれた。

タップダンスなら、フレッド・アステア。

読書するなら日本の歴史文学、なかでも『太平記』。

「どの世界にも、色褪せない古典が存在する」

そんな畏敬の念を持っておくだけで、恥をかくことも減るはずだ。

08

Effort and success

憎しみは最高のエネルギーである

もしかすると、今のあなたにも「殺したい奴」がいるかもしれない。「殺したい」まで思わなくても「憎い」と思う人は誰だっているだろう。

そいつに、先に感謝をしておこう。なぜなら、そいつのおかげで、あなたは本来持っている能力の何倍もの力を発揮できるかもしれないから。もし、そいつがいなければ。あなたは現状に満足し切って、「そこそこ」で終わっていたはずだ。

恨みや嫉妬などの負の感情は、時として莫大なエネルギーになってくれる。自分の潜在的な能力を呼び覚まし、行動に駆り立ててくれることがある。当然、負のベクトルの絶対値が大きくなればなるほど、それがエネルギー化されたときの力も大きくなる。だから、大きな負の感情が湧いてくるのは、油田と同じ。ありがたいことなのだ。

「愚痴や泣きごとを言うのは慎みましょう」
「人を恨むのはやめましょう」
よくある自己啓発書に書かれた教えなんか、無視していい。

「愚痴はとても大事だよ」「嫉妬だらけでいいんだよ」「泣きごとだってこぼしたくなるよなぁ」「立ち向かうな、逃げろ逃げろ」

それが談志の口癖だった。特に晩年、体力が落ちた談志は、自分の発する愚痴すら慈しんでいた。そもそも負の感情から目を背けようとしたり、手放そうとしたりすることに無理がある。人間の脆弱さは〝業〟として肯定すればよいのである。

実際、若い頃から落語界で天才ぶりを発揮していた談志は、周りからつらく当たられることも珍しくなかった。「殺したい奴」が多かったことは想像に難くない。

負の感情まみれだったからこそ「今に見てろよ」と奮起し、テレビ界を席巻。落語家だてらに国政にまで進出を果たせたのだろう。

「憎しみ」を燃料にして研鑽《けんさん》を積み、功績を上げて、「殺したい奴」を結果的に見返す。それが談志流の粋な〝倍返し〟だった。

「憎しみ」を効率的に「燃料」に転化できる人間は、今の世の中、そうそういない。とはいえ、コツさえつかめばそれは誰にでも可能なはず。

まずは「憎しみを手放せ」と説く自己啓発書を手放す。そして、負の感情を正の方向に昇華させていく術を身に付ければいい。

第2章 仕事の流儀

天狗になるくらいでなきゃあ
駄目じゃないかと思ったね。

青臭いかもしれないけど、
天狗になってるときの芸は
威勢がいいんですよ。

立川談志

09 Work style

心のあり方

組織内での孤立を恐れるな、外部に向かって自立せよ

世の中、内部調整が得意な人間と不得意な人間がいる。私もサラリーマンの経験があるのでわかるが、組織で生き抜くためには内部調整は欠かせない。中には内部調整だけで出世する人さえいる。とにかく、日本の組織ではその組織内で器用に立ち回る人が評価されがちだ。

そもそも政治家の仕事がそうだ。政治家の仕事は「国防」「外交」などは基本的に脇に置く形でひたすら「内部調整」に向けられてきたとも言える。そして国のトップである総理大臣が国民の直接投票で決まるわけではなく、どれだけ内部で信頼を勝ち得られるかで決まるのだ。そんな系譜の国だからこそ政治家も世襲に収まってゆくのは自然の摂理かもしれない。談志はそんな日本の政治家をこう評した。

「海外の政治家に比べたら、日本の政治家なんざ屁みたいなもんだ。日本は海に囲まれている。地続きの政治家の死ぬほどの辛さを想像してみるがいい」

とりわけ、私のような不器用な人間は内部調整が不得意な傾向にある。そして立川談志も、決して内部調整のうまい人間ではなかった。

談志が落語協会を辞めずにいれば、会長まで上り詰めただろう。だが、談志は常に外を向いていた。「外部に向かって立ちっぱなし」の芸人人生を歩んだ。

「国会議員への『立』候補、そして当選」、さらにはその後年の「落語協会からの独『立』、そして『立』川流創設」、独演会を開けばいつも「『立』ち見客」であふれていたものだ。落語家、毒舌タレント、政治家、作家。どれもが落語という伝統芸能に『立』脚した活動だった。全て超一流の、『立』派なものだった。

近年、芸人が大手事務所を辞めて独立するケースが増えてきたが、この流れは決して、芸能界だけの話ではないと思う。人生１００年時代と言われている中で、組織の駒として働くことに疑問や限界を感じる人も多いだろう。そんな人に対して、談志なら、組織内での孤立を恐れるな、外部に向かって自立せよ、と言ったはずだ。

10 Work style

若者に未来はない、あるのは時間だけ

誰だって、夢を見るのは自由だ。

「あんな職業に就きたい」「あんな人になりたい」

けれども実際のところ、「人が描く夢」の9割以上は、実現されずに立ち消えていくのが〝通例〟ではないか。もちろん、夢を見ている当人は、夢がなかなか実現しないことに気付いてはいるものだ。

「私の人生、早く軌道修正しなければ」「いい加減、行動を起こそう」

そうやって、焦っているうちに、「未来」としてやってくるべき時期が到来し、やがては「過去」になってしまう。

たとえば「20代のうちに、資格を取っておこう」と青写真を描いているうちに、仕事が忙しくなり、資格試験を受ける心の余裕もなくなり、30代に突入していく。

「憧れの資格を取れずに、30代になってしまった」という〝現実〟こそが〝事実〟。

これほどシンプルなことはない。

「夢を描きながらも努力を積み重ねられない人間の弱さ」を熟知していたからだろう、談志は厳しい言葉ばかりを遺した。

「若者に未来はない。あるのは時間だけ」

とも言い切っていた。

確かに「未来ある若者たち」という耳あたりのよい常套句《じょうとうく》は、単なる言い訳、おためごかしでしかない。なぜなら、「未来ある若者たち」を正確に形容すると「未来に大成する可能性がゼロではない若者たち」ということになる。若者にあるのは〝時間〟だけ。それから努力をして大成するかどうかは、不確定だからだ。

このように、談志は「可能性だけを訴えても、無駄」という姿勢を崩さなかった。冷徹な現実主義者であるゆえに、数値化なり可視化なり、納得できる「証拠」を提示されないことには、納得できない性質《たち》だったのだ。

立川流では「落語五十を覚えれば、修業年数に関係なく二ツ目に昇進」などと、明確な基準が定められていた。今思えば、談志の現実主義が色濃く反映されていたのだ。

「現実が事実」とうなだれる未来。「理想が事実」と喜んでいる未来。

どちらに転ぶかは、あなたが一日一日、地道な鍛錬を重ねていけるかどうかに、かかっている。

改革者の姿勢

11

Work style

新たな挑戦は、
疑うことからしか
始まらない

現代人は、もっと〝嘘〟に敏感になっていいはずだ。あまりにお人好しすぎる。

政治家の嘘、御用学者の嘘、メディアの嘘、学校の先生の嘘……。

数え上げればきりがないが、談志は「大人の嘘」に人一倍敏感だった。

「新聞で正しいのは日付だけ」と看破し、テレビのワイドショーを見ている間は「本当かよ」「嘘つけぇーーーー」「この専門家は、いくらもらってコメントしてるんだ」などとのべつ言っていた。

そんな懐疑主義の塊のような人間だったから、もちろん敵も多かった。


しかし、人間は「疑う」という姿勢がないと、何かを生み出すことなど到底できない。実際、世の中に新しいものを投じた人は、「現状の否定」から始めている。

落語協会から独立し、「立川流」を創設した、立川談志。

「たけし軍団」をつくった、ビートたけしさん。

『M－1グランプリ』の審査員を初期から務め、それまでの「お笑い」の流れを変えた、松本人志さん。

やはり、その業界の仕組みやシステム、ルールを新たにつくり、潮流を生み出していく人というのは「疑う姿勢」を持っている人なのだ。なぜなら、現状を否定したところでしか、新たなマーケットは獲得できないわけだから。つまり〝疑う姿勢〟は、新しい価値観をつくるためのいわば〝エチケット〟なのだ。

もちろん誰もが〝新しい何か〟を生み出す必要はない。とはいえ最低限、騙されないために〝疑う姿勢〟は重要だ。それはリテラシーとも言い換えられるだろう。

そもそも談志が疑い深くなった原因として、少年期の戦中戦後の原体験がある。こうよく言っていた。

「俺がここまで来られたのは、教えてくれた奴の駄目さ加減に気付いたからだ」

皮肉めいて聞こえるかもしれないが、疑うことを知らない人間は、「今まで幸せに生きてこられた人間」なのかもしれない。

いつからでもいい。〝疑う姿勢〟を育んでいこう。

12

Work style

自分の五感を通して得たものしか、自分の血肉にはならない

「情報洪水」と形容されるほど、世の中には情報があふれている。インターネットの普及も、情報過多社会に拍車をかけた。最近の子供たちは、小学生の時分からパソコンやスマホの操作に慣れているらしい。「画面の中に世界の全てがある」、そう思い込んでしまわないか懸念される。だって、そうだろう。細い「検索バー」に単語を入れるだけで「探しもの」に辿り着いたような気分になるのだから。

談志はよく言っていた。

「物事ってなぁ、てめぇで見たものだけが本物だ。あとは〝噂話〟よ」

これほどまでにバーチャル化が進むと、どれだけの人が予想していただろうか。インターネットがない時代。「足で稼ぐ」という慣用句があったように、「情報とは自分の生身の体で勝ち取るもの」という共通認識があった。でもマスコミが流した「二次情報」をそのまま引用するような「ニュースのまとめサイト」に触れることで、私たちは「世の中の流れを掌握した」気分になっている。

それだけではない。自分自身を高めるために、情報を集めようとするときでさえ、インターネット情報に安直に頼ろうとする人は珍しくない。たとえば「営業成績を上げたい」と願い、「ものの売り方」のノウハウを伝授するサイトを読むことで、自分の話術を磨こうとする人がいる。しかし、そんなやり方でものになるわけがない。

他人が努力して得たノウハウをそのまま踏襲しても、結局それは猿真似に終わるだけ。実地で血のにじむような経験を繰り返し、自分の頭で考えた方法で試行錯誤を重ねなければ、いい営業マンになんてなれるわけがない。

「テクニックは教えられるがセンスは教えられない」というのが談志の持論だった。

「話の聞き方や受け方は、テクニックだから教えられる、でもしゃべり方はセンスがものを言う。それはお前たちが勝手に磨け」

とよく言われたものだ。

センスは、自分の頭で考え、実践することでしか磨かれない。実地でのたうち回ることでしか、向上していかない。だからこそ、個性が際立つ。しかし、そんな地道な作業を放棄する人があまりに多い。自分の五感を通して得た情報しか、自分の血肉にはならない。インターネット上の情報を真似したところで、劣化コピーの人間が出来上がるだけ。バーチャルな世界は、どこまでいっても〝噂話〟(虚)であることに、いい加減早く気付いておこう。

努力論

13

Work style

天才とは、目標に対して「しつこい人」である

業界のトップランナーや、いい意味で〝キャラ立ちしている人〟は、基本的に「しつこい」ものだ。「しつこい」といっても、ストーカーのように「自分に興味のない人間」に執着するのではない。自分が専門とする分野や、究めようとしている事柄に向かい合う熱量が、いい意味で〝非常識なレベル〟なのだ。

たとえばノーベル賞受賞者などは、おしなべて「対象への執着がしつこい人」たちだろう。

談志も然り。夢に対してのしつこさが尋常ではなかった。

談志の「夢を実現させるための行動」を形容するのに「努力」という言葉は不適である。〝目的に対するしつこさ〟こそが談志の本質だった。

つまり天才には「努力」に該当する言葉がない。天才とは、その目的に対して「しつこい人」なのだ。

作家・村松友視《ともみ》さんは、談志を評して「落語に対して〝悪女の深情けになっている〟」と言った。談志の落語への愛、芸に対する執着心は、それほど「度を越している」という指摘だ。

そんな人間だからこそ、相手の「覚悟」を見極めるスピードも速かった。弟子はよく「アルコール依存症になった人間を見習ったらどうだ」と発破をかけられたものだ。

「禁止されてもこっそり手を出し続けるくらい、執着が強い人間になれ」という意味だったのだろう。

「酒がやめられない人間」と、「落語への愛を止められない人間」。

自分と依存症の人間に共通点を見出し、「同病相憐《あいあわ》れむ」で愛おしく思っていたのかもしれない。

もし、あなたが何かを成し遂げたいと願うなら。

周囲から止められても続けるくらい、その事柄に向き合い、没頭すればいい。

非常識なくらいの情熱を、その対象に注げばいい。

見方を変えれば、それほどしつこく恋焦がれる対象に巡り合えた人間は、その時点で十分幸せである。

一生をかけて「好きなこと」を貫けた人間は、さらに果報者である。

14 Work style

世の中は嘘でできている

大人になった途端、勉強したり、書物に親しんだりすることをやめてはいないだろうか。

自分の知識のアップデートを怠っているのに「世の中こんなもんだ」と分かったような気持ちになったり、会話を一般論で片付けたりしてはいないだろうか。

談志は「わかった振りをする人間」を唾棄していた。

「世の中には、わからないことのほうが絶対多いからな」と、よく釘を刺されたものだ。「世界は〝虚〟だと、まず認識することから始めたほうがいい」とも、よく説いていた。

うんと噛み砕いて言うと「全てわかった」と思い込んでしまう態度は「傲慢だ」ということだ。そして自分には分からないことがある」という謙虚さ、慎み深さを持て、ということだ。

そのためには「何がわかって、何がわからないのか」をはっきり見極める必要がある。「何がわからないのか」がわからない状態など、論外である。

つまり「学びを深める」と、「わからないこと」は自ずと増えることになる。学びとは「わからないこと探し」とも定義できるのだ。

もし、あなたが小さな子供や若い世代に、勉強の意義を問われたら、そう答えてやってほしい。

さらに言うと「わからないもの」は、「わからない」まま、大事にしてもいい。無理して解明しようとしたり、難しい研究や開発を推し進めたりする必要はない。そんな持論を展開していた談志が「アンチ文明」を唱えるようになったのは、必然的な流れだった。

「わからないものはない」という科学が称揚されすぎるからこそ、文明が発達しすぎて環境に負荷がかかり、地球全体に歪みが生じている。つまり「科学は万能であるという驕り」が、地球の環境破壊を押し進めてきた元凶なのだ。

虚は虚のままでいい。全てを解明しようとしたり、高度な技術を追求したりすることが、我々自身の首を絞めることになる。なんと無為なことだろう。

まだ前座だった頃、談志に突然こう切り出されたことがある。

「虚実っていうだろ？　なぜ虚のほうが先にくるか考えたことがあるか？　それはな、世の中の大半が虚だからだ」

当時の談志は、そんな姿勢で落語にアプローチをしていた。

「事実と言われるものなんざ、全てではなく、むしろこの世の一部でしかない。むしろ虚が全てだ」

談志はこの考え方を「唯虚論」として唱えていた。当時、懇意にしていた心理学者の岸田秀さんの向こうを張っていたのだろう。

岸田さんの「唯幻論」とは、ひとことで言うと「全ては幻想である」という説だ。「人間にとっては、現実も観念も、自我すらも幻影だ」と言い切り、フロイトの精神分析の理論から発展させた独自の論である。

「虚」は「虚」として慈しむ、愛《め》でる。「それが粋じゃないか」という思想が談志一流の「唯虚論」なのだ。

15 Work style

職場の決まりなんて、糞くらえ

組織には不文律、つまり明文化されていないルールや規則が存在していることが多い。

たとえば「毎朝、出社したら社長室に挨拶に行く」「終業のベルが鳴っても、課長が声をかけるまでは帰宅してはいけない」「飲み会には、全員出席」……。

どんな組織にも、そこのメンバー以外にはわからない「ローカルルール」の一つや二つはあるはずだ。

さて、あなたが帰属している組織にはどんなローカルルールがあるだろう。

様々なローカルルールを、苦もなく守れている人はよしとしよう。

問題は「ローカルルールを守れない自分自身に、罪悪感を抱いている人」だ。

もちろん「職場」という小さな単位に留まらず、「国家」というレベルでも共同価値観は存在する。

たとえば、今になってようやく「ジェンダー」の問題などが議論の俎上《そじょう》に上り始めているのは、〝国レベルでの共同価値観が崩壊しかけている〟ことの証左だろう。

日本のここ100年の「女性と結婚、出産、子育てを巡る共同価値観」をとってみても、どんどん変わっている。

「女性は学校を卒業したら、すぐに嫁ぐもの」という時代もあったが、女性の社会進出が進んだ。

「女性は就職をしたら、2年以内に結婚退職をするもの」という時代もあったが、結婚後も仕事を続ける女性が増えた。

「女性は子供を産んだら、子育てに専心するもの」という時代もあったが、出産後も仕事を続ける女性は増えている。

はっきり言っておく。ローカルルールなんて、守れなくたっていい。そもそもローカルルールとは「共同価値観」とも言い換えられる。その組織の構成員の間でしか通用しない「価値観」だ。なぜ、そんなものが存在するのかというと、組織を統一し、平穏に維持するためには、共通の世界観でメンバーを縛り付けておくという手法が有効だからだ。

人間には帰属意識があり、仲間との連帯感があるほど、その組織に留まったり、貢献欲が湧いたりしてくる。だから、組織を運営する側からすると、「共同価値観」を提示して、それに心酔してもらったほうが扱いやすくなるのだ。

談志は、そんな人間心理のメカニズムを喝破していた。

そして「怒りとは共同価値観の崩壊」とよく説いていた。たとえば「飲み会に参加しようとしない若手社員」が上役から怒られるのは、「飲み会には、全員出席」という共通の認識が、その行為によって揺らぐからだ。

「そんな共同価値観に付き合ってられない」と感じる中途入社の社員や、新入社員がいても、全くおかしくはない。理想を言うと、共同価値観とは随時更新させるべきものなのだろう。

現状の共同価値観に染まることができず、自分を責め続けている人は、「その組織から外れる恐怖」を抱えていることが多い。それが過労死、自殺などへと自分を追い込んでしまうのだ。だから、現状の共同価値観なんてどんどん疑っていい。

そして何より「その組織から離れる」という選択肢が自分に残されていることを、忘れてはいけない。

16 Work style

金以外の価値観で仕事を選べ

私が前座として修業を続けた9年半は、経済的に厳しいものだった。

当時〝前座〟という立場でありながら結婚した私は、「師匠の身の回りのお世話をする日」以外は、一時期だがティッシュ配りなどのアルバイトで副収入を得て、何とか食いつないでいた。

「修業中の落語家がバイトなんて」という見方があるかもしれないが、「プライベートは個人の自主性に任せる」というのが談志の考え方だったのだ。

しかし落語を練習したり、談志の落語論を聴いたり、ときに仲間と議論したり、という「落語にまつわること」に浸っていられることは、無上の楽しみだった。

立川流は、営利活動とはかけ離れたところにある。談春兄さん曰く「落語の研究所」のような組織だった。〝いかに利潤を追求するか〟という「株式会社」のような組織とは違ったのだ。

落語を生業にしていても（一部を除いては）「濡れ手で粟」になることはない。

「でも、そんな事情を承知で、そこに人生を賭けているんだろう？」

談志からは、そんな切迫感を与えられ続けてきた。

生涯年収だけを単純に比較すれば、前職の大手アパレルメーカーで定年まで勤め上げたほうが、私の人生は〝正解〟だったのかもしれない。しかし私は「金以外」の部分に価値観を見出したり、「稼げること」以外の事柄に時間や愛情を投資することを談志に教わった。「金」以外の価値観を持てる人間は、強いのだ。

たとえ「1億円をやるから」と誘われても、「私は談志の下で『二ツ目』になりたい」という思いがあった。つまり「金以外」を大事にする価値観を徹底的に叩き込まれたのだ。落語界から身を引いていった人間は、「金」という価値観を是としていたのかもしれない。苦しい時期も長かったが、お陰様で今の私は多くの支援者、理解者に恵まれ、落語家と文筆業という二刀流で、楽しく過ごせている。

さて、あなたが最も大事にしている仕事選びの基準とは、何か。

「もらえる金の多寡」だけで、仕事を選んではいないだろうか。

それで後悔しないだろうか。

17

Work style

「人が喜ぶこと」に労を惜しむな

人たらしの流儀

「一引き二才三学問」という言葉がある。出世に大事な条件として、一番目は上司や周りの引き立て、二番目は才能や運、三番目は学問、と説く教えだ。

確かに、世の中で成功者とされる人は「人を喜ばせること」に長けていることが多い。その見返りとして、仕事やチャンスに恵まれるのだ。もちろん成功者は、本業での目覚ましい実績や、輝かしい学歴を持ち合わせていることも多いが、それらはあくまで〝十分条件〟。大前提として「人を喜ばせること」が得意な人間であるはずだ。

「本当にそうだろうか？」

疑義を差し挟みたくなる人のために、談志のわかりやすい例を挙げておこう。

談志は、メディアの寵児《ちょうじ》となったり、〝文化人〟枠で扱われるようになったりしても、お礼状を欠かさなかった。どんなに繁忙になっても、盆暮れの挨拶はじめ、贈答品のひとつひとつに、自分でお礼状を書いていた。

しかし、圧倒的な数の贈答品が、年間を通して自宅に届くわけである（自身の独演会でファンから贈られた手土産なども含めると、膨大な件数になる）。礼状がすぐ書けるよう環境を整えてはいたが、それにしても一仕事である。しかも談志が礼状を出すスピードは、まるで〝嫌味〟のように速い。贈答品を受け取った当日、遅くても翌日には、礼状を書き上げて投函していた。当然、贈り主は恐縮する。

「炎上発言を繰り返し、無鉄砲で非常識なイメージの強いあの談志師匠が、丁寧な礼状を迅速にくれるなんて」

いわゆる〝ギャップ萌え〟で、談志の評価はひとりでに爆上がりする、というわけだ。〝人たらし〟の談志のこと、そこまで計算済みだったはずだ。


「切手代だけで義理を果たせるなんて、こんなにいいことはない。お前も礼状はすぐに出せ」


よくそう教えられたものだ。

しかし談志が、礼状を出さずにおれなかった背景には、若い頃の「仕事が途切れるのではないか」という恐怖感があったように思う。「メディアで引っ張りだこ」といっても、人気など所詮水もの。仕事が突然なくなる可能性だってゼロではない。

そんな恐怖心を落ち着かせるために、せっせと手を動かして礼状を書かずにはおれなかったのだろう。それが結果的にファンの心をつなぎ留め、噂が噂を呼び、新たなファンを引き寄せていったのだ。仕事が途切れない人、どんどん出世する人には、必ず理由があるものだ。

18 Work style

決まった型から、逸脱してみろ

大企業、はたまた長く務めた職場などの〝安住の地〟から、独り立ちする場合。

要は「安定した場所に腰を落ち着けて、内部調整力だけで出世していく生き方」ではなく、「独立した生き方」を選んだ場合。「狂気と冒険心」は欠かせない。


この「狂気と冒険」は、談志が立川流を創設した50代手前の頃、よく標榜していたスローガンだ。

当時、最大手の〝業界団体〟であった落語協会を脱会し、立川流を創設した談志だが、その後、弟子たちが華々しく出るまでの間は、仕事に恵まれない時期もあったという。つまり雌伏《しふく》を強いられた時期に、自分自身の意気込みを増幅させ、自らを鼓舞するために掲げていた言葉なのだろう。

「狂気」とは、自分の選んだ対象にのめり込む際の、常識から逸脱したレベルを形容した言葉。

「冒険」とは、因習に満ちた落語界と決別し、新しい地平を切り拓いていく行為を指した言葉。

つまり「狂気と冒険」とは、「未踏の地を、並外れた熱量で切り拓いていく」という気概に満ちた決意表明なのだ。

しかし、談志が年齢を重ね、肉体的に老いてくると、言葉の選択も変わってきた。「狂気と冒険」という外向きのベクトルを感じる標語ではなく「非常識になれ」という〝内面〟に落とし込むようなフレーズをよく口にするようになった。

実は、この二つの教えの根っこは同じである。

要は「『型が決まったもの』から逸脱してみろ」という談志からの〝挑発〟なのだ。

もちろん、逸脱するためには、かっちりと型を身に付ける必要がある。

だから、もしあなたが、何かを究めようとしているならば。まずはオーソドックスな型をきっちりと身に付けることをおすすめする。

型を全うした人間でないと、その「否定」など到底できない。そんな真理を、談志は熟知していた。意外に思われるかもしれないが、談志は「超」が付くほどの常識人だった。型が身に付くまでは、「個性」など迷惑なだけなのだ。

第3章

幸せと
金と欲望

酒が人間を駄目にするのではない。
人間は元々駄目だということを
教えてくれるものだ。

立川談志

19

Happiness money and desire

「金をかけずに喜びを感じられる人間」には敵わない

幸福の基準

人生、できれば幸福感に包まれて、心穏やかに過ごしていきたいものだ。そのためには、秘訣がいくつかある。

一つ目は「他人と比べる癖」をやめることだ。その癖がある限り、どこまでいっても充足できなくなる。

たとえば、「年収1千万円」の人がいたとする。他人と比べる癖がある場合。「年収1千100万円」の人を見たら、自分の稼ぎが途端にちっぽけなものに見え始め、相手を嫉妬し始めるはずだ。

二つ目は「他人からの評価に、一喜一憂する癖」をやめることだ。その癖がある限り、自分の人生の舵取りを誰かに委ね続けることになる。

たとえば、上司からの評価ばかりを気にしている人がいたとする。プライベートも顧みず、組織に滅私奉公し続けたとしても。職場を定年退職したら、自分の周りに心を通わせる人間が誰もいないことに気付くはずだ。

三つ目は、自分なりの「幸せの基準」を持つことだ。

「幸福の基準を決めよ」と談志はよくサインしていた。他人と比べるでもなく、他人に評価を委ねるのでもなく、「自分が満ち足りる基準」を見つけて、それを日々満たしていけばいい。もちろん、それは随時更新していい。

たとえば「毎月一回は、家族揃ってファミリーレストランで夕飯を食べること」という基準を大事にしていても、子供たちがいざ独立した場合。「ペットを迎えて、夫婦二人で楽しく暮らすこと」と、変わるかもしれない。しかし欲望を、肥大化させるだけが能ではない。生活レベルを慎ましくしたり、自宅をサイズダウンさせたり、所有物を絞ることは、SDGsの観点から見ても称揚されるべき態度だろう。『人新世の「資本論」』（集英社新書）著者の斎藤幸平さんは、「有限な地球で無限の経済成長自体、無理だ」と指摘をしている。総人口の0・1%を占める富裕層に、プライベートジェットで世界中を行ったり来たりするのをやめさせるだけでも、かなりのCO_2削減になるとも説いている。欲望へのブレーキは、幸福感にもつながっていくはずだ。

談志はよく言っていた。

「一日中、湯飲みの蓋を見ているだけで幸せな奴がいたら、敵わねえわな」

さて、あなたの「幸福の基準」は？

20

Happiness money and desire

そこに〝非常識な情熱〟はあるか

「どうせ曲がった人生だろう」

なかなか二ツ目に上がれず、もがいていた私に、談志がかけてくれた言葉だ。

「なんて失礼な」と誤解するなかれ。これは〝師弟〟という垂直の関係を崩さないギリギリのところで談志が見せてくれた最大級の優しさであり、励ましなのだから。

私はいわゆる〝有名大学〟から〝有名企業〟に入り、そこを辞して談志に弟子入りをした。バブル華やかなりし好景気の時代だったから、その選択に首をひねられることも多かった。

「安定した職を自らなげうち、何の保証もない芸の世界に飛び込むなんて酔狂にもほどがある」

そんな見方をされることは、よくあった。しかも芸の世界ですぐに芽が出るならまだしも、二ツ目にすら上がれず、前座という身分で足止めを食らうことになる。

つまり私は二重に〝イタい〟立場だったのだ。

しかし「曲がった人生」なりに、その道を突き進むしかない。後戻りなどできるわけがない。不退転の決意で修業に励む私を見かねたのか、談志がかけてくれた言葉が、冒頭の「どうせ曲がった人生だろう」だ。その続きは「そのまま突き進むしかないだろう」と補えるはずだ。

芸についてはともかく「全てをなげうってでも芸を身に付けよう」とする私のピュアな部分については、高く評価してくれていたのだと思う。

「前座での修業期間が、人より少し長くなっても、大したことなどないだろう」

「お前の人生は、今まで順風満帆だったかもしれない。けど、うまくいかねえ時期だってあるよ」

「年齢なんて関係ない。好きになったものに思いっきり殉じてみろ」

そんな含意を思うと、改めてその優しさに胸が詰まる。

美談のように受け取られたくはないのだが、談志はとても愛情深い人間だった。

自分以外の弟子に「談志の優しさが発露されている」と気付く瞬間も、多かった。

たとえば2021年5月に逝去した弟子、立川らく朝に対する態度もそうだった。

彼は医学博士という肩書を持ち、現役内科医として活躍する傍ら、46歳で兄弟子立川志らくに入門、プロの落語家としての活動を始めた。もちろんその道のりには、喜びと同時に苦難も多かったはずだ。

そもそも入門を希望した時点で、彼は志らく兄さんにいったん断られている。「いくら何でも年上の弟子は困る」というのがその理由だ。しかし『落語家になる』という若い頃の夢を叶えるには最後のチャンス」という情熱で、志らく兄さんの首を縦に振らせることに成功した（客分の弟子となった）。

無論、そこには理由があった。志らく兄さんが談志に相談すると「面白そうだから弟子にしちまえ」ということで、入門が叶ったのだという。

ただし、らく朝は「前座の雑用仕事は免除、代わりに週に一席、落語を教わり、約2年で50席覚えて二ツ目に昇進」という特異な道を歩むことになる。外野にとやかく言われることもあっただろう。心労も絶えなかったに違いない（通常の前座修業を経ていないことの負い目は逆に相当つらかったはずと察する）。

その後も彼は「内科医と兼業」というスタイルを貫き、真打ちに昇進。「健康落語」なる新作落語をやるようになり、やがて内科医を辞め落語一本に専心し、芸能事務所に所属する。病に倒れたのは、その直後だったという。

二ツ目になろうとしている時期のらく朝に、談志はこう明言した。

「芸に年齢は関係ねぇよ」

「一生懸命やって獲得したものは光るもんだから」

なんと深く心に響く、餞《はなむけ》の言葉だろう。

このように、談志は〝非常識な情熱〟を見せた人間は、高く評価した。夢中になれるものを見つけ、没頭した人間に対しては、微笑んでくれた。

不器用でも、不格好でも、不相応でもいい。対象にそこまで没頭する覚悟、踊りきる覚悟があるかどうかを、問うていたのだろう。

いつの時代も「好きなもの」に真摯に向き合う人間がプロと呼ばれ、やがて名人、大家として名を上げていく。つまり大成するかどうかは、非常識なほど、情熱を注げたかどうかにかかっている。
そこに〝常識〟はいらない。むしろ邪魔にすらなるはずだ。

21

Happiness money and desire

親に縁を切られたとしても〝好き〟の虫を育ててやれ

勉強にせよ、仕事にせよ、遊びにせよ「自分が好きな対象にのめり込める人間」は強い。あっという間に上達する。

挫折を味わっても、ひとりでに立ち直ることができる。なぜなら「自分が、それを好きすぎる」からだ。好奇心のパワーを見くびってはいけない。

逆に言うと、動機がそれ以外のときは、大した結果を出しにくい。

一つ目の例を挙げてみよう。

動機が「自分以外からの評価」にあるとき。

たとえば「その仕事を選んだ理由」が、「安定しているから」「世間体がいいから」「モテるから」など、外（他人）からの評価を気にしている場合。仕事へのモチベーションを何年も保ち続けるのは、至難の業だろう。

二つ目の例を挙げてみよう。

動機が「常識」にあるとき。

たとえば「儲かるから」「効率よく稼げるから」「福利厚生が充実しているから」

「出世しやすいから」など〝常識的〟な範疇《はんちゅう》である場合。大きな結果など、残せるわけがないだろう。

わかりやすく言うと、大成するかどうかは「〝好き〟の虫」がそこにいるかどうかにかかっている。

談志はこの「〝好き〟の虫」という言葉を好み、よく使っていた。

「〝好き〟の虫」がそこにいなければ、執着も執念も生まれないわけで、「大成はしない」ということになる。そして「執着」「執念」のことを「〝好き〟の虫」が住んでいるところ、と定義してもいた。

極論に聞こえるかもしれないが「親に勘当され、親戚中の鼻つまみ者になったとしても、選んだ道」、それを突き進む人間は、大成するだろう。

なぜなら、そこに「〝好き〟の虫」がいるからだ。

逆に言えば「〝好き〟の虫」さえいれば、どんな障壁だって乗り越えやすくなる。

談志自身、高校を中退し、16歳で5代目柳家小さんに入門したときは、猛反対されたという。しかし「反対されたからこそ、意地でも落語家になるという気概が醸成されたんだ」と明かしてくれた。

また、こう嘆いてもいた。

「今の時代、入門志望者は俺のところに、親どころか親戚まで引き連れて、挨拶に来る。ありがたいことだが、弟子入りする本人にとってはマイナスだろう」

つまり「親に勘当され、家出同然、裸一貫で飛び出してきた人間のほうが根性があると見なされる」、つまり「好奇心の証明になる」ということらしい。

このように、人生の節目節目で、自分の「〝好き〟の虫」は問われている。

22

Happiness money and desire

欲望を金で
解決することほど、
下品なことはない

郵　便　は　が　き

料金受取人払郵便

新宿北局承認

8890

差出有効期間
2023年 7 月
31日まで
切手を貼らずに
お出しください。

169-8790

154

東京都新宿区
高田馬場2-16-11
高田馬場216ビル 5 F

サンマーク出版愛読者係行

ご住所	〒　　都道府県	
フリガナ		☎
お名前		(　　　)
電子メールアドレス		

ご記入されたご住所、お名前、メールアドレスなどは企画の参考、企画用アンケートの依頼、および商品情報の案内の目的にのみ使用するもので、他の目的では使用いたしません。
尚、下記をご希望の方には無料で郵送いたしますので、□欄に✓印を記入し投函して下さい。
□サンマーク出版発行図書目録

1 お買い求めいただいた本の名。

2 本書をお読みになった感想。

3 お買い求めになった書店名。

市・区・郡　　　　　町・村　　　　　書店

4 本書をお買い求めになった動機は?

・書店で見て　　　・人にすすめられて
・新聞広告を見て(朝日・読売・毎日・日経・その他=　　　)
・雑誌広告を見て(掲載誌=　　　)
・その他(　　　)

ご購読ありがとうございます。今後の出版物の参考とさせていただきますので、上記のアンケートにお答えください。**抽選で毎月10名の方に図書カード(1000円分)をお送りします。** なお、ご記入いただいた個人情報以外のデータは編集資料の他、広告に使用させていただく場合がございます。

5 下記、ご記入お願いします。

ご職業	1 会社員(業種　　　)	2 自営業(業種　　　)
	3 公務員(職種　　　)	4 学生(中・高・高専・大・専門・院)
	5 主婦	6 その他(　　　)

性別	男・女	年齢	歳

ホームページ　http://www.sunmark.co.jp　ご協力ありがとうございました。

Think clearly
最新の学術研究から導いた、よりよい人生を送るための思考法

ロルフ・ドベリ 著／安原実津 訳

世界 29 か国で話題の大ベストセラー！

世界のトップたちが選んだ最終結論―。

自分を守り、生き抜くためのメンタル技術！

定価＝ 1980 円（10%税込） 978-4-7631-3724-1

すみません、金利ってなんですか？

小林義崇 著

実生活で必ず見聞きする「お金の話」が 2 時間でざっとわかる！

世界一・基本的なお金の本！

定価＝ 1430 円（10%税込） 978-4-7631-3703-6

見るだけで勝手に記憶力がよくなるドリル

池田義博 著

テレビで超話題！1 日 2 問で脳が活性化！

「名前が覚えられない」「最近忘れっぽい」

「買い忘れが増えた」

こんな悩みをまるごと解消！

定価＝ 1430 円（10%税込） 978-4-7631-3762-3

談志は、五七五からなる「川柳のようなもの」をつくるのが好きだった。中でも、「一人寂しく文化人」というフレーズの上に、五音の句を付けることに凝っていた。

たとえば「古本屋　一人寂しく文化人」「銭湯で　一人寂しく文化人」「散歩道　一人寂しく文化人」。

このフレーズにピッタリ合う言葉こそ、〝「品」がある〟と説いていた。

そして「文明」（不快感を他人で解消しようとすること）ではなく「文化」（不快感を自力で解消しようとすること）であると看破していた。

つまり、「古本屋」「銭湯」「散歩道」などを是としていたのだ。

反対に、談志が「下品」だと忌み嫌っていたのは〝一人寂しく文化人〟に似つかわしくない言葉だ。

談志になりきって、音数にこだわらず、現代の言葉をいくつか挙げてみよう。

「仮想通貨」「ビットコイン」「携帯電話」「ゴルフ会員権」「ファーストクラス」「スイートルーム」「グルメ」……。

要は、談志は「欲望を金で解決してくれるもの」を唾棄していたのだ。なぜなら、

「欲望を金で解決することは下品」というのが、談志の基本認識だったから。「効率や合理性を前面に打ち出してくるもの」「みんなが熱狂して飛びつくもの」「みんなが利用しているもの」についても、懐疑の目を向けていた。

「欲望を金で解決するっていうのは下品なことだ」

これは談志がよく口にしていた言葉である。「金で解決をしようとしていないか」「闇雲に効率を上げようとしていないか」「利益だけを追求してはいないか」。そんな不文律で、自分自身を律していたように見受けられる。

「そもそもどんな人間でも金さえ出せば、スイートルームでも泊めてくれるし、ファーストクラスでも乗っけてくれる。昔、それを利用していた〝金持ち〟は自らの行動が〝下品〟だとわきまえていたから、敢えておとなしく品良く振る舞ったものだ。今は違う。利用者は『金さえあれば文句あるまい』という厚顔な態度をとる。そういうのは、競輪場くらいにしてもらいたい」

このように、談志は〝品〟に徹底的にこだわった。「資本主義に未だ毒されていない、文明より文化を重んじる江戸」を理想としたのは、ごく当然の流れだった。

23

Happiness money and desire

敏感な人間に対する「鈍感になれ」という言葉ほど無意味なものはない

パニック障害、適応障害、そしてうつ病などの心の不調を理由に、休業や引退を発表する著名人は珍しくない。ご本人や周りは、さぞかし大変なことだろう。

談志も、老人性のうつ病(鬱)になっていた時期がある。ここでは特に、うつ病について考えてみたい。

「まともな奴(人)ほど鬱になる」というのが、談志の持論だった。

「まともな人」＝「優秀な人」「実績がある人」「周囲からの期待が大きい人」と定義した場合。その人の背負っているものは、非常に大きい。なぜなら、さらなる結果を求め続けられているからだ。

すると、あるときプレッシャーに耐えかねて、心身が悲鳴を上げて、うつ症状が出ることになる。

また「まともな人」は、人よりも感受性が強いことがある。すると、外界からのストレスに過敏に反応してしまい、やはり鬱症状が出てしまう。

談志は、「鬱で自殺をした」という報道を見ると「気持ちがわかる」とよくもらしていた。

「真面目に生きているからこそ、なってしまうもの」と捉えていた節がある。

皮肉交じりに
「『俺は鬱にならない』という人間がいるせいで、周りが鬱になる」

などと言っていたこともある。

これは実際、言い得て妙で「鬱になるほうがまとも」なのかもしれない。

だから、鬱になりそうな人ほど「もっと鈍感に生きていい」ということになる。

しかし、それができないからこそ、苦労する。敏感な人間に「鈍感になれ」というほど、無意味なアドバイスはないだろう。

「まともな奴ほど鬱になる」という談志の言葉には、超訳する要素が少ない。ほぼ字義通りである。これほど本人の温かさがストレートに伝わってくる台詞は、類を見ない。うつ病を遠ざけるために、折に触れ思い出していただきたい。

願わくは、「まともな人」がこの談志のひとことを心の支えにして、少しでも気楽に人生を送られんことを。

24 Happiness money and desire

説得力のある「大したことないよ」が言える人間になれ

信頼される人

ネットサーフィンをしていると、毎日何かしらの大事件に見舞われるように錯覚することがある。

「地球が滅亡するかもしれない」「日本経済は破綻するかもしれない」

自分自身に大問題が振りかかっているように思えることすらある。

「気付かないうちに大病を患っているかもしれない」「自分もリストラされるかもしれない」

情報を集めるうちに不安感に駆られて、ネット通販やサービスなどにお金を使ってしまったことはないか。さらに言うと、それが〝散財に終わった〟経験はないか。


世の中には昔から「不安商法」がはびこっている。消費者の不安を過度に煽《あお》ることで、高額な商品やサービスを購入させる悪徳商法だ。極論を言うと、ほとんどのビジネスに「不安商法」的な要素は、多かれ少なかれ含まれている。それを見抜く目を持つことが大切だ。

「誰かが不安になることで、誰かが儲けている」

それくらいの認識でいれば、必要以上に不安に駆られることはなくなる。

「不安になれば、業者の思う壺」
それくらいにどっしり構えていればいい。

もちろんあらゆるリスクに備えて、可能な範囲で対策は立てておくべきだ。地震や土砂災害などの天変地異が気になるのなら、防災グッズを揃えたり、家屋を補修したり、避難経路を確認したりすればいい。自身の健康が気になるのなら、健診を受けたり、運動を習慣化したりすればいい。

でも「地球に隕石が衝突したらどうしよう」などと悩み続けることは、ほぼ無意味だ。あなたは、近未来のことを憂え続けるために生まれてきたわけではない。もっとほかにやるべきことがあるはずだ。

「大したことはない、心配することもない」
「人がつくった世の中だから、何とかならないわけがない」

これは談志の口癖だ。

また私が前座でずっとしくじり続けていた時期には
「振り返ってみりゃ、こんなこと（修業期間）は10年も続かねえんだから」

とよく言われた（実際は9年半も続いたわけだが）。そのひとことに、私は何度も救われた。もちろん、それは発言内容の信憑《しんぴょう》性以上に「談志が言うのだから、大丈夫だろう」という発言者への全幅《ぜんぷく》の信頼があればこそ、の話だ。

翻《ひるがえ》って考えると、政治家などの社会的立場がある人や、多少なりとも人の上に立つ人は、積極的に相手の〝安全性〟を担保していくべきなのだ。

「私が責任を取るから、思いっきりやりなさい」

そう言われただけで、相手は安心できたり、能力を発揮できたり、自由に振る舞えたりできるようになる。

談志の長女・松岡ゆみこさんは、少女時代から「俺がついているからな」と、談志によく言われていたらしい。「パパのそのひとことのおかげで、本当に助かっていた」とは、ご本人の弁。

「大したことないよ」という言葉が説得力を帯びるような人間を目指したい。説得力を持ってそう言える〝大人〟は本当に少ないのだ。

25

Happiness money and desire

欲望の限りない状態に、人を追い込むのが資本主義の本質

壊れた本能

地球の終わりについては、昔から様々な指摘がなされてきた。核戦争、転変地異、宇宙自体の終焉……。ドラマティックな終末論の例を挙げるときりがない。

一方、談志が唱える終末論は、いささかポエティック（詩的）ではあるものの、非常に地味なものだった。

「そのうちフッと来るんじゃないか。『レタスがなくなったみたい』というふうに」

つまり「地球の終わりとは、すでに静かに進行しており、人間が気付いたときには、もう取り返しのつかないレベルにまで深刻化している」というイメージを持っているようだった。

だから談志は、平素から環境破壊につながりかねない言動に敏感だった。

とはいえ、声高に環境保護を叫ぶようなことはしない。

〝口だけでなく、自分ができることから実践すべき〟という信念があったのだろう、質素な暮らしを好み、無駄を極端に嫌った。

世間から持て囃《はや》されていた談志だが、派手な暮らしへの憧れは、とんとなかった。

「弟子のほうが広い家に住んでいる」と苦笑いしていたこともある。

「収入と生活レベルは、正比例させたい」、それが一般的な〝常識〟ではないだろうか。年収が増えたら、より大きな家を買う。より立派な車を買う。より美味いものを食う。談志にとって、そんな社会通念は、どこ吹く風。一門のことと、〝落語〟という芸について、ひたすら考え続けていた。

物欲は、人並外れて低かった。その上〝どケチ〟で「金を使わないこと」「安上りですませること」に執心していた。

だから、物質至上主義的な世の流れが、むしろ奇異なものとして映っていたのではなかろうか。

しまいには、人と動物を引き比べ、動物を褒めていたこともある。

一門の弟子を引き連れ、動物園に行ったときのこと。檻《おり》の中の動物に、優しくこう語りかけていた。


「お前たち動物は、偉ぃなあ。地球を壊すことなんてしない。食物連鎖に従って、餌になるものを食べるだけだ。本能がちゃんとしてる。それに比べて人間の本能は、もうぶっ壊れちまっている。その好奇心には、もうブレーキすらかからねえんだ」


そもそも現代人は、過度にモノを増やそうとする。必要以上に金を使わないと、不安なのだろうか。

アマゾンの木が伐採され尽くし、地球環境が破壊され尽くし、自分の呼吸すら苦しくなっても、まだ何かを買おうとする。そんな皮肉な未来が目に浮かぶ。

手始めに、広告やコマーシャルを見て、「あれを買わなきゃ」と不安や心配に駆られることをやめてみないか。

「さしていらないもの」に欲求をかき立てられ、金を使いたくなる。そんな欲望の無限のループ（循環）に人を追い込むのが、資本主義の本質なのだ。

26

Happiness money and desire

日本人には〝貧乏〟が似合っている

ある雑誌の対談記事で、談志はこう語っていた。

「貧乏じゃ国は滅びない。バングラデシュを見ろ。むしろ繁栄が国を亡ぼす。ほら、古代ローマは滅びただろう」

確かにそうかもしれない。哲学者・政治家のセネカが「食べるために吐き、吐くために食べている」と非難したように、古代ローマでは、全世界からかき集められた富、不正によってかき集められた富が蕩尽《とうじん》されていた。そして衰退、崩壊した。

繁栄しているところでは、好奇心が暴走しやすい。

「こんなに金が集まるのなら、こんなに儲かるのなら、もっと金を儲けよう」

つまり、人の心理として欲求にアクセルがかかりやすい。競争原理が働きやすくなり、格差も生まれやすくなる。反対に、貧しいところでは、欲求にブレーキがかかりやすい。その結果「慎ましくしよう」「協力し合おう」「助け合おう」という空気が生まれやすくなる。競争意識よりも、連帯意識のほうが強くなる。

そんなメカニズムを見抜いていた談志は、痛烈なひとことを遺した。

「日本人には〝貧乏〟が似合っている」

上っ面だけ見ると、多くの日本人の神経を逆撫でしかねない台詞だが、補助線を引くと、賛同してもらいやすくなるだろう。つまり「日本人には古代ローマのように物質的な繁栄を鼻にかけて、好奇心を暴走させ、欲望を限りなく肥大化させていくことは似合わない」「並外れた経済発展などは目指さず、精神的に充足し、互いに助け合う社会をつくればいい」、そんな警鐘を鳴らしたかったはずだ。

談志が憧れた江戸時代とは、資本主義に未だ毒されていない時代であった。

文明（不快感を他人で解消しようとすること）より、文化（不快感を自力で解消しようとすること）が発達していたからこそ、心の豊かさが失われなかった。

金儲けに、ある程度のブレーキがかかっていた状態だからこそ、文化が育っていた。風情も情緒もあった。その反動として、明治時代以降は渋沢栄一などが現れ、日本は資本主義国家へと突き進んでいくことになる。

「資本主義の成れの果てには爛熟、衰退、崩壊しかない」

談志はそう予測していた。

日本が、いずれ古代ローマの轍《てつ》を踏むのか、それとも軌道修正を図るのか。時代の生き証人になるのは、私たちなのかもしれない。

第4章 社会と優しさ

落語とは、
人間の業の肯定である。

立川談志

27

Society and kindness

世の中に満ちた矛盾をロジカルに分析せよ

人生において矛盾を感じる瞬間は、誰にだってある。組織に身を置いている人間なら、尚更だろう。だが、そこで矛盾を糾弾《きゅうだん》したり、矛盾に抗《あらが》ったりしても、大抵はうまくいかない。たとえ無意味に思えても、矛盾の中を泳ぎ切るほうが、後から見ても「正解だった」ということが多い。だから、いったんは矛盾に耐えることをお勧《すす》めしたい（無論、そこにパワハラやセクハラの要素が微塵《みじん》でもあるなら、告発するなり、逃げ出すほうがいい）。

そもそも浮世とは〝矛盾に満ちたもの〟だ。半世紀以上を生きてきた人になら、賛同してもらえるだろう。だが、若い世代にはそういう感覚がない人も珍しくない。

あるとき、著作を書くための取材として、学校の若手の先生方にアンケートをさせてもらったことがある。

「あなたの今の悩みは？」という問いに、「自分の思った通りに授業運営ができない」という旨の答えをいくつか見つけ、驚愕した。裏を返せば、その先生方は「計画通りに全てが執り行える」と信じていることになる。

しかし世の中、自分が思い描いた通りに捌《さば》けるわけがない。

「世の中、矛盾だらけ」

「渡世とは、矛盾に耐えること」

それくらい割り切って認識していたほうが、楽になれる。


実際、落語の世界も矛盾だらけである。談志は弟子に

「修業とは不合理、矛盾に耐えることだ」


と言い放っていた。私は入門した日に、談志からひとこと「俺を快適にしろ」と言われた。その最大の使命を果たすため、様々な矛盾に耐えながら、心を砕き、身を粉《こ》にして修業期間の9年半を過ごした。しかし「矛盾に耐えること＝修業」という認識があったから、不条理さに悩まされるようなことはなかった。「なぜ世の中には矛盾があるのか」と、答えのないことを考え始めるから、つらくなるのだ。

かくいう談志自身も、若いときから幾多の矛盾に耐えてきた。落語界全体の矛盾、

そして〝戦争〟という最大の矛盾。矛盾に耐えた人間は、やはりそれなりの強さが身に付くのだろう。

近年「矛盾のある世界から逃げ出せ」と説くビジネス書も散見する。しかし、自分が選んだ世界なら。一定の期間は、矛盾の中に首までどっぷり浸かり、耐えてみてもよいのではないか。自分が好きになった仕事、自分で選んだ道なら尚更だ。

私は、弟弟子の立川談笑に「先に二ツ目に昇進される」という苦い経験をしている。「辱めにも近い仕打ち」としか捉えられなかった時期もある。しかし、一瞬腐りかけたが修業を続け、談笑とも信頼関係を深め、最終的には真打ちにまで昇進できた。それは、「自分が二ツ目になれない理由」を、恥を忍んで周りに相談したり、自己分析したりすることを繰り返していたからだろう。「嫉妬」という感情に翻弄されることなく、矛盾をロジカルに分析するという癖は、そのときに身に付いた。

そもそも、談志が分析癖のある人間だった。世の中の矛盾も不条理も、常に冷静にロジカルに分析していた。本質を射抜く名言を残せたのも、談志が世の中の矛盾に向き合い分析し続けた結果だと私は思う。

矛盾に耐えろ、と前述したが、矛盾に耐え続けろと言いたいわけでは決してない。矛盾を感じても感情に振り回されずに、そしてその矛盾をロジカルに分析してみよう。それはあなたが「自分らしく生きよう」と決意したとき、大きな力になってくれるだろう。

28

Society and kindness

「働くのが嫌い」という〝基準〟があってもいいじゃないか

多様な社会基準

昨今、あらゆるところに極端な二極化が見られる。「右か左か」「◎◎に賛成か反対か」、自分の態度を明確に表明し、相手方を攻撃する人が珍しくない。

特にネット界隈では、その傾向が強い。「ときに右、ときに左」という〝日和見派〟や、「どちらでもない中庸派《ちゅうようは》」は少ない印象だ。いったいなぜだろうか。

極端な対立構造をつくり、〝燃料〟を投下して煽り、徹底的に戦うことを望んでいる節も見受けられる。

「勝者を決めようとせずにはおれない」のは、もはやスポーツ感覚なのだろうか。

談志はよく「そこそこの真ん中が一番だ」と言っていた。

その気風は、談志の長男・松岡慎太郎さんにも受け継がれている。あるとき慎太郎さんは、談志にこう言ったらしい。

「パパは俺の成績が気になるかもしれない。でも、軍隊でよく言うだろう。先頭に立って突撃したら、真っ先にやられてしまう。かと言って一番後ろからついていくと、捕虜にされる。だから、何でも〝そこそこ真ん中〟が一番良い。で、俺が良い大学へ行かないと、パパにとっては困る?」

談志は「困らない」と答えたそうだ。

日本全体のバランスを取るために「セガレのような考え方をする人間が増えるのは、むしろ救いかもしれない」ともらしていた。つまり、「社会の基準」とは単一である必要はない。多様であればあるほど、素晴らしいのだ。

高度経済成長の時期の日本は「24時間戦って、GDPも個人所得もアップさせること」が是とされ、「頑張って働くこと」が最大公約数的な〝基準〟だった。

しかし、これだけ価値観が多様化すると「働くのが嫌いだ」「頑張ることが嫌いだ」という基準を持つ人間が増えても全くおかしくない。しかし、それを批判することも蔑《さげす》むこともないはずだ。

たとえば「プロの奢《おご》られや」、「プロ奢ラレヤー」の中島太一さん。

「なんもしない」サービスを提供する「レンタルなんもしない人」の森本祥司さん。

「ホームレス」という肩書で幅広く活動する元芸人のホームレス小谷さん。

様々な基準の持ち主が、互いに受容し合える社会。

それは、間違いなく〝ゆとりのある社会〟だ。

欲求の肥大化

29

Society and kindness

あらゆる上昇志向は、
単なる〝趣味〟でしかない

どんな時代でも「不景気なんてどこ吹く風」と優雅に暮らしている人たちは存在する。もちろん、「金持ちが消費をしてくれるおかげで、経済が回る」という側面もあるから、「金持ち」は社会に不可欠な存在だ。とはいえ、感情が逆撫でされるような気持ちになることも多いだろう。そこでおすすめしたい視点の転換法がある。「金儲け」も「セレブな暮らし」も「ありとあらゆる上昇志向」も、「その人の趣味（道楽）なんだろう」と捉えることだ。談志は、よくそう説いていた。

高級車を求めるのも、高級グルメを食べ歩くのも、ブランドの新作ファッションをシーズンごとに買い漁るのも、有名テニスクラブに通うのも、「ステータスだから」ではなく「その人の単なる〝趣味〟だから」。

そう考えると、苦しくならない。

また、「出世」すらも「その人の〝趣味〟だから」と捉えてみるといい。「男なら出世をしなければ」「男なら稼がなければ」という旧来の凝り固まった価値観なんぞ、早く手放すべきなのだ。

「大学進学」「有名企業への入社」も然り。

もしあなたが親から圧力をかけられても、「いい大学に入って、いい会社に入るべき」という考え方は「親の〝趣味〟であって、俺自身の趣味ではない」と割り切ることができれば、敷かれたレールから降りるのに抵抗はなくなるだろう。


「高級車を乗り回す」代わりに、自転車旅を究める。

「高級グルメを食べ歩く」代わりにB級グルメを究めたり、自炊の腕を磨く。

「出世する」代わりに、「家族で過ごす時間」を大事にする。

「何が何でも有名大学に進学する」のではなく、自分がやりたいことを探す。

このように「上昇志向も趣味の一つ」と捉えて、別の趣味に没頭すれば、心豊かな人生を送れるはずだ。

談志はこう看破した。


「欲求の肥大化に歯止めをかけられることこそ〝知性〟」

逆説的だが「上昇志向を捨てられないこと」ほど、ある意味「貧乏臭い」、そう言えるのかもしれない。

アンチ文明

30

Society and kindness

文化は
自分の頭で考え抜く
ことで生まれる

「文化」と「文明」の違いについては、散々触れてきた。

「不快感を他人の力で解消しようとすること」が「文明」。

そして「不快感を自力で解消しようとすること」が「文化」である。


暑くなったからといって、クーラーに頼り切り、大量の電気を消費し、体を冷やしすぎて体調を壊し、地球温暖化にも加担してしまうのが「文明」。

それに対して、扇子や団扇を使ってエコに涼むのが「文化」。

つまり、文化は個人の財布にも、地球環境にも優しいのだ。


この文化を突き詰めたような「吝《しわ》い屋」という落語を紹介しておこう。

「扇子を仰ぐと壊れる可能性が高まるのでもったいない」と、扇子を顔の真ん中に置き、顔を左右に振って涼感を覚えようとする人物が登場する。

談志は「これぞ文化」と、よく褒めていた。つまり「ケチこそが文化」なのだと（ちなみに、「しわい」には「ケチ」という意味がある）。

要は、「欲望の抑制」を突き詰めるとケチになる。談志はそれも、是としていた。

現代において「ケチ」とはあまり良い意味で使われる言葉ではない。しかし、ひとりひとりが「ケチ」になれば、消費が過度に煽られることもなく、地球環境が破壊されることもないのだ。

これを「考える」という、人間の大事な営みに敷衍してみよう。

「物事を自力で考えることを放棄し、他人の考えを借りようとすること」が「文明」。

つまり「思考停止に陥ること」が「文明」。

反対に「自分の頭で考え抜こうとすること」が「文化」である。

談志は「ケチ」な生き方、「自分の頭で考えること」など、あらゆる「文化」を復権させたかったのだ。あらゆる意味で「アンチ文明」だったのだ。

「〝文明〟とは何か、ちょっと立ち止まって考えろ。まあ、難しいか。思考をストップさせるのが〝文明〟だもんな」

よくそう言っていた。

「自分の頭で考えることの重要性」こそ、談志が最も訴えたかったメッセージの一つなのだ。

31

Society and kindness

与太郎の価値

非生産的な人間に、優しくできる社会が〝豊かな社会〟であるあなたはきっと、こう思っているはずだ。

「生産的でありたい(生産的でなくてはいけない)」

「効率よく時間を使いたい(効率よく時間を使わねばならない)」

コロナ禍におけるリモートワークも、そんな風潮に拍車をかけている。

だが、そんな急《せ》き立てられるような生き方は、正解なのだろうか。

やがて次のような考え方に陥ってはしまわないだろうか。

「生産的なことしか、しない」

「生産的な人としか、付き合わない」

それはなんと偏狭な生き方だろう。

生産性を優先するような日々の過ごし方が、〝心豊かな人生〟と言えるだろうか。

意外に思われるかもしれないが、談志は「非生産的な奴を大事にしろ」とよく言っていた。

(※ただし自らの弟子については別で、「生産性」を求めた。「芸人なら、どんな手を使ってでも売れろ」というのが基本方針だった)

わかりやすく言うと、談志は「一見非生産的に見える存在」、つまり「社会的に弱い立場に置かれた人」に真っ先に目を留め、心を寄せていた。
また落語の定番のキャラクター「与太郎」に注目し、その汚名を返上させるべく説き続けていた。

与太郎とは、いわゆる〝馬鹿〟の代表格。間抜けなことを一手に引き受ける存在として長らく親しまれてきた。与太郎が出てくる噺は「与太郎噺」と括られるほど、お馴染みのキャラクターだ。

たとえば、「道具屋」という噺では、壊れた時計のことを「1日に2度合う」と形容するくらい、常識を転覆する力を発揮している。

談志は「与太郎は馬鹿じゃない、ただ非生産的なだけだ」と歴史的な再定義をした。そして与太郎の存在意義を説いた。

実は、与太郎のような人間（非生産的な人間）を笑って受容できる社会こそが、豊かな社会なのだ。

実際、今の社会に必要なのは、非生産的な人を受け入れるゆとりだろう。

落語の世界には、「いじめ」がない。現代なら排除されかねないような、特殊な事情を持った人も、コミュニティの中で一緒に暮らせるような「おおらかさ」が江戸時代にはあった。

しくじった人や駄目な人には「私だってココが駄目だから」と応酬し、その失敗を受け入れ許容する。駄目さ加減を共有して、頭割りする……。そんな優しさが、江戸にはあったのだ。

今でこそ「多様性を受け入れよう」と声高に言われているが、落語の世界ではすでにダイバーシティが体現されていた。そのほうが「楽しい」と直感的にわかっていたのだろう。

そもそも、今の社会で、自分自身が非生産的な人になったときのことを想像してみればいい。

与太郎的な人間を軽く扱うことなど、到底できないはずだ。

美意識

32

Society and kindness

そのうち電車の中で
生理用品を替えるように
なるんじゃないか

談志は、若者についても特別扱いをすることはなかった。相手が中学生だろうと、小学生だろうと、伝えなければいけないことはピシャリと言い放った。

それが、本人のためになるとわかっていたからだろう。


特に、公共の場での振る舞いについては、厳しく見ていた。

若い頃は、全国区の著名人であることなど意に介さず、面と向かって注意をすることも珍しくなかったようだ。


「携帯電話のご使用はお控えください」という車内アナウンスが流れているにもかかわらず、堂々と携帯電話で通話をしている学生に遭遇したときのこと。

「やめろって言ってんじゃねえか、この野郎、やめろ!」

そう注意したらしい。

前にいたご婦人に「ありがとう」と頭を下げられたという。

また、エレベーターの中で乗り合わせた、うるさく騒ぎ立てる小学生たちに注意をしたこともあったそうだ。

「静かにしなさい！」と叱ったところ、「何よおー、このオジン！」と言い返された。

「品の悪い子だね、君は。きっと両親も下品なんだろうね」

すると、小学生たちは小さくなったのだとか。


今、談志のように公共の場で相手をたしなめたり、叱ったりできる人間がどれほどいるだろうか。

〝倍返し〟で報復されかねない物騒な時代だから、なかなか難しいのではないか。


電車内での化粧、飲食についても同様だ。

もはや違和感はなくなりつつすらある。

師匠のお供で電車に乗っていたとき、目の前に座った女性が化粧をし始めた。

こっそり私の耳元で「そのうち、電車の中で生理用品を替えるようになるんじゃないか」とあきれ果てていた。

化粧をし続ける女性に対して、とがめることは、さすがになかった。

談志も年齢を経て、「怒る気力」が失せていたのかもしれない。

このように「公共意識」や「公の場での美意識」が欠落し始めているのは、いったいいつの頃からなのだろうか。もしかすると「金で解決できることがある」という意識の広まりと、同時期ではなかろうか。

公的な空間を、私的空間と同じに見なす。

つまり公の場の価値が下落した元凶には、資本主義の行きすぎた発展が関係しているのではないか。

「公共意識が完全にゼロになる」

もしかすると、そんな時代は迫っているのかもしれない。

メタ認知

33

Society and kindness

「もしかして俺、嫌われてる？」という意識が大事

70代に近づいた談志と、一門の弟子たちと、インドに旅したことがある。

元来、談志は海外には慣れている。そのせいもあってか「ガイドブックにはない裏名所」を辿るミステリーツアーのような趣があった。

現地ガイドもたじろぐぐらい、観光コースを逸脱し、自分の嗅覚で「人とリアルに触れ合えるほう」「より危ないほう」を進んでいった。

観光地巡りや、現地グルメの食べ歩きではなく〝現地生活者との交流こそが旅の本当の醍醐味〟と思っていた節がある。


異文化の中で暮らす人たちに生で触れると、様々な気付きがある。

当時から日本人の大部分は「儲けなきゃいけない」「稼がなきゃいけない」ということにこだわる〝エコノミックアニマル〟だった。

しかし、インド人の多くは、そうではない。

路上で修行している行者《ぎょうじゃ》を観れば、「日本人とは全く違う価値観、感受性」で生きているのだろうと、痛感させられる。

物乞いの子供たちにペンを渡して喜ばれると、貧富の差について嫌でも考えさせられる。

実際、談志は大きな仮説のもと、海外で振る舞っていたようだ。旅の途中、談志からこんな話を聞いた。

「戦後数十年経って、日本は世界中から嫌われ者になってしまったんじゃないか？」

談志は国内においても「周囲からどう見られているか」、意識的だった。その鋭敏な感受性を突き詰めた結果、インドの旅中に「もしかしたら、嫌われている？」という空気を感じ取ったのだろう。

もちろん、それが疑問形ではなく事実だとしたら残念なことだ。

しかし、「嫌われているんじゃないかな？」という意識を持ち合わせておくことは重要だ。

そんなメタ認知（自分を俯瞰して、客観的に観察すること）ができているだけで、「それ以上嫌われること」は防げるだろう。「大嫌い」と意思表示されたり、拒絶反応を起こされたりすることは、防げるかもしれない。

もちろん、この教えは人間関係についても言えることだ。

昨今、〝敏感さ〟より〝鈍感さ〟の方が重宝される風潮があるが、このような談志の敏感さは忘れずにいたい。

静かに受け入れる

34

Society and kindness

「私は発展途上国で躾を受けた貧乏人」だと思えば、若い世代に腹も立たない自分と異なる世代の人たちに、ジェネレーションギャップを感じたとき。驚きと同時に、怒りが湧いたり、ストレスを感じたりすることがあるかもしれない。

談志も、異世代の目に余る言動について、指摘をすることがよくあった。しかし「〝自分の常識〟と〝相手の常識〟は異なる」と割り切るようにしていたようだ。

それは〝現実が事実〟を信条にしている、談志らしい方法だっただろう。

「なぜ、相手があんなに無作法なのか」「なぜ、気が利かないのか」、その理由なんて、いくら考えても意味がない。理由を考えて怒るよりも、「静かに受け入れる」という空気を感じたこともある。

談志は「礼儀作法」について「協力を前提とした発展途上国の不文律」だと看破していた。この言葉は、ご理解いただくのが少し難しいかもしれない。あまりにユニークで、皮肉に満ちているからだ。なるべくわかりやすく超訳を試みてみよう。

特に公共の場で「礼儀（マナー）を重んじる」とは、共有の限られたリソース（資源）を仲良くシェアします、という態度表明になる。狭い空間を何人かで心地良く過ごそうとする際には、各自が礼儀正しく振る舞うことが不可欠だからだ。

つまり、リソースの乏しい発展途上国だからこそマナーが求められることになる。様々な資源が潤沢にあり、公共空間にも余裕があるような「金持ちの国」では、各自が傍若《ぼうじゃく》無人《ぶじん》に振る舞っても、多少は許される。論理の飛躍はあるかもしれないが、談志はそんなことを訴えたかったのだろう。

わかりやすい例が、車内マナーだ。たとえば電車の車内で「詰めれば二人座れるスペース」に、若者一人がドカーンと脚を開いて占領していることがある。談志はそれを見て、当然「詰めればいいのに」と思う。

そんなとき「詰めれば二人座れるのに」という見方は〝発展途上国の貧乏人の考え方〟。しかし若い人は「狭いところに二人で座りたくなんかない」と思うらしい。その証拠に、談志に注意をされると、席を立ち、座らない若者もいたそうだ。

このように、道徳や礼儀作法というものは、「協力を前提とした発展途上国に生まれた不文律」と捉えておくのがいいようだ。すると、怒りは湧いてこない。

「あの人は、豊かな国で躾を受けてきた人なのだ」と思えばいい。

育ってきた環境が違う人間ともうまく折り合いを付け、共存していくには、そう考えるのが平和な解決法だ。

35

Society and kindness

柄《がら》が悪くても上品であれ

「欲望に対する動作がスローな人が、品がある」

談志はよく説いていた。欲望を持つこと自体は、下品な行為ではない。でも、それを最短距離で叶えようとするのが「下品」なのだ。

たとえば「金を使ってでも、いち早く欲望を叶えようとするがめつい行為」は、下品の極みである。反対に、ゆっくりと行動して、欲望をスローモーションで叶えようとするのは「上品」なのだ。

談志は、自分の品性について、こう言っていた。

「俺は柄《がら》は悪いけれども、下品ではない」

世の中、柄は良さそうに見えるのに〝下品〟な人間は多い。

それに比べると、談志は〝上品〟そのものだった。

談志が電車の優先席に座っているときのこと。脇に若者が座った。そして、次の駅で老人が乗車してきて、談志の前に立った。談志は若者に「席を譲ってやんな」と声をかけた。若者が「はい」とおとなしく従ったところ、その老人は礼も告げずに、「当然だろう」という顔で、譲られた席に座った。

そこで談志は、席を譲った若者に、大声で詫びた。

「ごめんよ、こんな年寄りに席を譲らせちまって、すまなかったなぁ」

つまり談志は、礼も言わない、感謝の気持ちを示そうともしない老人をたしなめたのだ。若者だろうがお年寄りだろうが〝下品〟な人間には容赦しないのだ。

談志の喋り口調は、乱暴に聞こえるかもしれない。しかしその行動には、いつも品があった。だからこそ、年長の人格者たちに愛され、弟子も多かったのだろう。

あるとき談志の知人が、弟子の一人に、プライベートの雑用を無償で頼もうとしたことがあった。それを知った談志は、知人に対しても激怒した。

「あんたの弟子じゃねえ、俺の弟子なんだから。勝手に使うな」

36

Society and kindness

「SDGs」とは、無理せず自然に沿って生きること

「ＳＤＧｓ」が世界的な取り組みとして注目を集めている。特に「環境保全」目標は重要性が高く、誰もに関わりがある項目だ。それは平たい言葉で言うと「自然に逆らうな」というひとことに集約されるはずだ。

談志は「自然」という言葉を非常に好んでいた。

〝山や川、草、木など、環境としての「自然」〟

〝人に本来備わっている性質や本性〟

つまり万物に「無理のない状態」「ありのままの状態」こそ、理想の状態なのだ。そんな当たり前のことを、私たちは忘れ、暴走しがちである。わかりやすい例が自然破壊だ。行きすぎた自然破壊は、資本主義経済の発展と両輪の関係にある。

ユヴァル・ノア・ハラリの世界的ベストセラー『サピエンス全史』では、人間こそ「あらゆる生物のうちで、最も多くの動植物種を絶滅に追い込んだ生物史上最も危険な種」と指摘している。皮肉な話だが、最高の環境破壊者は人間なのだ。

本書の邦訳版は２０１６年に発行された作品だが、談志も昔から似たような警鐘を鳴らしていた。「アンチ文明」とまで言い切っていた。

「アマゾンのジャングルを減らしてまで金儲けしやがって、いったい何になるんだ」

「人類さえいなくなれば、地球環境は良くなる。究極の環境保護は人類滅亡だ」


つまり談志は、SDGsの最先端を予言していたのだ。

そして、談志が理想としたのは〝無為自然〟に生きることだった。

「自然に逆らうんじゃないよ。ロケットなんて上げんじゃないよ、よしたほうがいい。月にも行かなくていい。下から月を見上げて『ウサギさんが餅をついてる』って言ってるのが〝自然〟なんだ。自然に逆らうとロクなことはない」

談志の求める境地とは、老子や荘子の思想に近いようにも感じられる。

晩年の談志は「江戸の風」という概念を着想し、傾倒していた。「落語の最終形の予測」として、また「人間の理想的な生き方」として、江戸庶民の心のあり方を理想的な状態として掲げていたのだ。「江戸の風」を超訳すると、さしずめ「自然に沿うのが粋、逆らうのが野暮」というところだろうか。

SDGsは、まず個人の心から。

「無理はするな」「自然に沿っていけ」これ以上にシンプルな原則はない。

37

Society and kindness

文明は狂った人間が発展させたのだ

談志は雑誌に「大笑点」という連載を持っていた。

談志が選者を務める投稿ページなのだが、談志のウケを狙ってくるネタばかりなので、不謹慎なものから痛烈なものまで、精鋭のジョークが集まっていた。

「狂牛病」（ＢＳＥ）が日本で流行したときのことを覚えているだろうか。このときも素人とは思えないネタがたくさん送られてきた。

「シャブよりしゃぶしゃぶ」「狂う寸前がうまい」など、シュールなものも多かった。

「人間は食べものを選べるけど、食べものは人間を選べない」というような、考えさせるものもあった。

中でも談志は「人間元々狂ってる」というフレーズを見つけて、感心していた。

「狂牛病」とは「狂った牛」と書くが、「元々人間のほうが狂っていたのだ！」と褒めていた。

この談志の指摘は、確かに示唆に富んでいる。現代の世の中に移植しても、立派に通用するだろう。

新しく発見される病気の多くは、文明の発達、もしくは爛熟《らんじゅく》、腐敗と共に発生しているこことが多いのではないか。資本主義に狂った人間が、欲求の限りに暴走し、地球環境を破壊し続けているからこそ、地球が悲鳴を上げ、生態系のバランスが崩れ、新たな病気が生まれ続けている、とも形容できるだろう。

つまり、現代人とは「元々狂った存在」であることを忘れないほうがいい。

「地球に間借りをしている」という謙虚な姿勢を大事にするべきだ。

もっとも、こんな〝まっとうなメッセージ〟を題目のように掲げるだけで、この項目を終わりたくない。狂牛病にまつわる談志のブラックな笑いもご紹介しておく。

「今こそ牛肉を食おうって、そんな発想がなぜないんだ。江戸っ子なら、あったはずだぜ。『何が狂牛病だ、やかましいやい、焼き肉屋の客は減っているらしいし、俺が行ってやろうじゃないか』という〝了見〟が、どうしてないのかねぇ。一発、狂牛病で当ててやろうじゃねえか。そういう了見があれば、牛丼のチェーン店だって平気で『狂牛丼』って商品が出せるだろうに」

もちろんあくまで談志のジョークではあるが、こんな了見さえあれば〝ウィズコロナ時代〟だろうと、〝アフターコロナ時代〟だろうと、逞しく生き抜けるはずだ。

第5章 何を信じるか

己に自信のない奴が
常識に従う。

立川談志

38

What to believe

他人軸でなく、自分軸で他者を評価しろ

人を見極める眼を磨くことは大切だ。談志は、何事につけ判断を下すのが速かった。弟子に稽古をつけるときは、30秒聞いただけで「もうわかった」と遮り、的確な助言をした。映画の試写会に招待されても、退屈な状態が15分も続くと退席した。そんな塩梅だから、人を判断するのも速かった。

「俺は人を観る眼だけはあるからな。でも、多くの人間が〝人を観る眼を養うこと〟を怠っているから、現代ではいろんな問題が起こっているんだ」

よくそう言っていた。では、どうすれば〝人を観る眼を養うこと〟ができるのか。逆説的に聞こえるかもしれないが、「人を観る眼」を養うには、基準となる「自分軸」を、ブレずにしっかりと持つことが大切だ。つまり「判断基準を他者に委ねない」という覚悟が問われることになる。

「みんなが『いい人だ』と噂しているから」「◎◎さんが褒めていたから」「SNSのフォロワーが多いから」……。

要は、自分以外の誰かの評価を当てにしないこと。他者の評価は全て疑っていい。

さらに言うと、本人の言動すら疑ってかかるくらいでちょうどいい。

吉川英治の歴史小説『宮本武蔵』の一節をご存じだろうか。座右の銘などとしても、よく挙げられる箇所だ。

波騒《なみざい》は世の常である。
波にまかせて、泳ぎ上手に、雑魚《ざこ》は歌い雑魚は躍る。けれど、誰か知ろう、百尺下の水の心を。
水のふかさを。

（『宮本武蔵（八）』講談社）

人それぞれに事情があり、立場がある。渡世のためには求められている役割を演じざるを得ないこともある。場合によっては、本心とは裏腹の言動を取らざるを得ないこともある。それらを見抜けるまでになれば、本物だろう。

つまり人の言動とは、表面的なもの。だから百尺下の〝水の心〟にまで、思いを馳せることだ。

「自分の五感をフルに使って、判断させてもらう」

それくらいの気概がないと、他人の本性などつかめまい。「そもそも他人の本心なんて、わかるわけがない」というくらい、シビアに認識しておいてもいいだろう。

39 What to believe

無知の知

「自分は間違っているかもしれない」と思っている人間を、信用しろ

「自分は、何でも知っている」

年齢やキャリアを重ね、そう慢心してしまう人は多い。周りが気を遣い、持ち上げ続けた結果「井の中の蛙《かわず》」になってしまうことも珍しくない。

もちろん、組織の長としてメンバーを引っ張っていく場合。カリスマ性やスター性も重要だから、「何でも知っている」という〝頼れるキャラクター〟が求められるのは想像に難くない。

とはいえ、万能感なんて持ち合わてていないほうが幸せだ。


「何でも知っている」と虚勢を張り続けていた場合。知らないことが万一出てきたとき、困ることになる。たとえば、若手に尋ねれば数秒で解決するようなデジタル機器の扱いなどが、いい例だ。

また「あの人は、当然知っているだろうから」といつも周りに買いかぶられるため、「新しい情報を他人から仕入れる機会」を損失し続けることにもなる。

つまり「何でも知っている」というキャラクターではないほうが、他人に質問をしやすかったり、周りから情報を吸収しやすかったりする。逆説的に聞こえるかもしれないが、「自分は知らない」という謙虚な姿勢でいるほうが情報に通じたり、物知りになったりできるのだ。

談志はよく「『己は間違っているだろう』と思っている人間は正しい」と言っていた。それは、ソクラテスが説くところの「無知の知」と通底している。

「無知の知」とは、「己が無知であることを知っていること」が大事、という意味だ。要は「自分が、いかにわかっていないかを自覚せよ」という戒めでもある。

談志は、ソクラテスの書物などを読んだことはないだろう。だが、「無知の知」の大切さを直感として見抜いていたのだ。

「無知であること」よりも、「自分が『知らない状態』だと気付いていないこと」のほうが罪深い。

言葉遊びに聞こえるかもしれないが、これも一つの真理だ。

虚勢を張る小賢《こざか》しさよりも、「無知である」と潔く認める度量の広さこそ、人望を集めることに結び付く。

40

What to believe

師匠の欠点に気付いたら、成長した証

前出の談志の言葉。

「俺がここまで来られたのは、教えてくれた奴の駄目さ加減に気付いたからだ」

さらに深掘りしてみよう。「教えてもらう側」は、ある段階にまで到達したら、「教える側」のレベルを客観的に見極め、それを超えられるよう精進していくべきである。そうでないと「教えてもらう側」は「教える側」の程度を永遠に超えられないことになる。すると、社会全体も発展しない。

だから、「教えてもらう側」が、「教える側」の駄目さ加減に気付いたり、それを乗り越えようとしたりするのは、良いことなのだ。自分自身が成長した証拠だと思っていい。それこそ最大の成長であり、恩返しになる。

この共に育ち合う構造こそ、「教育の本質」だ。「教える側」も、成長を促されることになる。見くびられないよう「日々アップデートしなければ」という気概も生まれる。

前に述べたように、私は立川流に入門した日、談志に「俺を快適にしろ」と言われた。「弟子とは、師匠に一方的に教わるもの」というそれまでの思い込みは、一八〇度転換させられた。

また幕末の松下村塾も、立川流と似ている。吉田松陰も、入塾してくる塾生に対しては、「君は僕に何をしてくれるのかね」と問うたそうだ。

松下村塾に入る人間は、「吉田松陰からいろんなものを教えてもらおう」「何かしてもらおう」という受け身の気持ちでいたのに、ガラリと崩された……。そんな逸話を聞いたことがある。

「君は僕に何をしてくれる？」

この台詞の主語を換えると、「私はあなたに何ができる？」ということだ。

要は受け身でいるのではなく「自分から先に与える」、そんな積極的な姿勢でいることが大事なのだ。

新しい環境に飛び込もうとするとき。新しい人間関係を築くとき。一方的に教わる〝受け身〟の姿勢ではなく、相手の欠点に気付き、〝自分から与える〟意識でいること。これがどんな時代でも成長する人間の特徴である。

41 What to believe

「媚び」には〝安い媚び〟と〝上質の媚び〟がある

ビジネスの世界でも、落語の世界でも、ときには媚びを売ることも必要だ。

ただ、媚びには「安い媚び」と「上質の媚び」があると私は談志に教わった。

どういうことか説明してみよう。


対象に向かって、真面目に取り組む。それに加えて、礼儀正しく、上っ面の世辞もうまい。つまり「安い媚び」は売れる。けれどもその人間のアウトプット（仕事や芸などの成果）は、大したことがない……。

談志はそんな人間を、決して高くは評価しなかった。


「一生懸命に物事に取り組み、表面的なおべっかもうまい好人物なら、高く評価するのが〝日本教〟。でも俺は違う。たとえお世辞が下手な人間でも、俺が求める本質を突ける人間、つまり『上質な媚びを売れる』人間なら、俺は評価する」

つまり「個人的に好きな人間でも、俺の芸の基準を満たさなければ、認めない」。

それが談志の信条だった。そのおかげで、私は9年半も前座修業を続けることになった。長い前座期間を通じて、「媚びる」という言葉の本質を教えられた。

「師匠、今日も素晴らしいですね」などと、相手を表面的に褒めても、それはさして響かない。それよりも師匠が「踊りを10曲覚えてこい」と言えば、その倍の20曲、30曲と覚えていく。すると、途端に評価されることになる。

このように、相手が真に欲していることを突き止め、「くすぐる」こと。それこそ「上質の媚びを売る」ということなのだ。

逆説的に聞こえるかもしれないが、談志は「客観的な評価軸を持っていた」と形容できる。談志の評価軸は「極めて主観的なもの」に見えるかもしれないが、決してそうではなかった。

「物事や世間に対して、常に客観的な評価を持っている人を爛熟と言う。客観的な評価を持たない奴を退廃と言うのだ」

談志はよく言い放っていた。

世の移ろいゆく様々な事象に対して、冷静な第三者的な〝他人目線〟を持てる人間こそ求められるのだ。

42

What to believe

〝粋《イキ》〟とは、全てを疑い、自分自身の頭で考えようとする態度のことである科学で何でも解明しようとする〝科学万能〟の風潮を、談志は嫌っていた。「面白くもなんともない」というのだ。

また現代は「人間たちの行きすぎた科学信奉のせいで、幽霊が出にくくなってしまった」と嘆いていた。その理由がふるっている。

「人間が、何でも科学的に割り切るから、幽霊のほうも『悪い』と思って出なくなったんだよ。遠慮してるんだよ。だって、幽霊が存在しないわけがないだろう？特に、誰かに殺されて恨みを抱えたまま亡くなった場合、霊魂はそこに留まり続けて、恨みを言いにくるんだ。それが、科学至上主義の世の中になったから出てきにくいだなんて、寂しい話だなぁ」

談志によると、昔は実際、お化けはよく出たらしい。

「幽霊が出るらしいと噂になって、空き家になったままの物件なんか、よくあった。借り手がないなんて、大家からしたら悲劇だけれど、見方を変えれば優雅なもんだよなぁ」

確かに私たち現代人は、〝科学〟を重んじすぎて、〝情緒〟や〝粋〟といったものを忘れかけているのかもしれない。談志の懸念通り、今後は〝幽霊〟という存在を認めない世の中になっていくかもしれない。「幽霊の存在を主張するならエビデンスを出せ！」と言われるかもしれない。

「所詮科学なんて」という見方は非常に大事だ。

実際、月の裏側まで詳細にわかっても、人の心の奥底についてはわかりようがないのだから。科学とは結局、「他人の頭で考えたこと」（知識）の集積に過ぎないのかもしれない。

「雷って、電気なんですってね」「嘘だよ、ランプの頃からあったよ」

そんな談志の小噺が好きだった。

「他人の頭が考えたこと」で、理論武装を試みたくなるのが〝野暮〟。

全てを疑って、自分自身の頭で考えようとする態度が〝粋〟なのだ。

43

What to believe

ボケるほうが、知性がいる

「洒落のわかんねぇ奴は嫌だねぇ。マジな奴は、付き合い切れなくていけねぇ」

それが談志の持論だった。

真面目な姿勢がいけないというのではない。

真面目な応酬は、得てして予定調和なものになりがちだ。そこに〝面白さ〟や〝驚き〟はない。談志はそれが窮屈で耐えられなかったのではないか。だから、国政の現場でも洒落の利いた言動をよくしていた。

「国会で、牛歩戦術（審議を引き延ばす目的で、投票などの際に極端にゆっくりと歩く議会戦術）を行う議員に対し、『松葉杖貸してやろうか』と声をかけたら、どっと笑いが取れた」と本人から聞いたことがある。

もちろん「ふざけるな」と談志に怒る議員もいたそうだが、「ふざけてでもいなけりゃあ、やってられない。洒落がわからないね」と言っていた。やはり「牛歩をする議員」を見れば、ツッコミたくなるのが落語家なのだろう。

牛歩している人間を真正面から批判したり、たしなめたりしても、それは相手の想定内。心に届くわけがない。しかも、それは「相手の否定」につながる。

だが談志の「松葉杖貸してやろうか」という〝ボケ〟の台詞は「相手の否定」ではなく、むしろ「相手の肯定」につながる。

このように、何らかのアクションを起こした相手に対しては、まず「ボケる」。そんな気風が広まれば、社会全体はより柔軟なものになるはずだ。またボケる練習をしたほうが、友達や仲間、理解者が増えやすいだろう。


もちろん「ボケる」(面白いことを言う)ことは難しい。

世間一般には「ボケる人＝馬鹿」という図式があるかもしれないが、「ツッコミ」よりも「ボケ」を言うほうが、頭を使うし、センスも問われる。「ツッコミ」なんて常識的な正論を持ち出せばいいだけだ。

無論、誰もが芸人というわけではないのだから、面白い〝返し〟(返答)なんてできなくてもいい。でも、「何がなんでもツッコまなければ」「マジレスしなければ」

という思い込みは、手放しておいたほうがいい。それは、相手の「あらさがし」へと、容易につながっていくからだ。

洒落がわかるか。ボケられるかどうか。そこで本物の知性があるかどうかわかるのだ。

極端な例かもしれないが、「おばあちゃんのアイドル」の異名をとる毒蝮三太夫さんのエピソードを挙げておこう。談志と毒蝮さんは、若いときから芸能界を生き抜いてきた「戦友」のような間柄だった（談志は「毒蝮三太夫」の名付け親でもある）。

談志は最初のお子さんを産院で失っている。病院側の配慮で亡くなった子を見せてくれたという。

哀しみにくれている談志に、訪れてきた毒蝮さんが声をかけた。

「どうだった？」

「可愛い子だったよ」

すると毒蝮さんはこう返したという。

「ああ、それは、いいのを見せてくれたんだ」

無論、談志が怒ることはなかった。談志自身も、洒落のわかる人間だった。

44 What to believe

〝叩かれやすい人〟を
演じるくらいになれるか

国も、学校の教師も、いじめっ子も、大手メディアも、叩くときは「弱者」を叩く。そんな普遍的なルールがある。

コロナ禍の〝飲食店〟への国の施策を見ていて、そう感じずにはおれなかった。学校の先生だって、「金持ちや有力者の子息」には忖度やえこひいきをするだろう。いじめっ子も然り。告発、報復されるリスクも高いから、できるだけ弱い人間に標的を定める。

さらに酷いのは、ごく一部のメディアだ（無論、メディアの中には良心ある人たちも多い）。「叩きやすい人」を叩くという姿勢は、談志が国会議員をやっていた頃から変わらない。

不倫、淫行、パワハラ、恫喝……。

ここ10年だけとってみても、様々な不祥事が起こり続けているが、これらのスキャンダルで、「さほど叩かれなかった人」と「職業生命を絶たれた人」との間には、大きな隔たりがある。

「影響力のある事務所に所属している人」「大御所すぎる人」「『憎めない』などキャラ的に許せる人」は、メディアにさほど叩かれない。それと逆の場合は、途端に叩かれやすくなる。

つまりメディアは、たとえ「人気者」であろうと、その人が「叩きやすい人」であれば手のひらを返すように叩く。その習性については、知っておいたほうがいい。過熱する報道を見ても、それ以上深入りせずにすむ。あなたの貴重な時間を、他人の事情を詳しく知るために浪費する必要はない。

そういえば、談志は自分自身が「叩かれやすい」ように振る舞っていた節がある。「メディアに出る」→「毒舌、過激発言をする」→「談志個人に注目が集まる」→「やがて落語界も注目され、さらなる復興につながる」……。そんなサイクルを熟知していたからだ。要は「落語に親しんでほしい」というピュアな思いだけではうまくいかないと、見抜いていたのではないか。

そこまで戦略的に「叩かれやすさ」を演出できた人、覚悟を決めていた人を、談志の他に私は知らない。

45 What to believe

弱者を救うことで、
優越感に浸るな

情報の発信者が、受信者のために「わかりやすくする」という理屈には頷《うなず》ける。難しい言葉遣いを連発するアナウンサーなんていない。難解すぎる新聞記事に、お目にかかったこともない。

「どんな人にもわかりやすく、事実を伝えること」が報道の意義なのだから、当然のことだろう。しかし、そこに「客観的な事実」以上の「ドラマ性」「物語性」が持ち込まれることがあると、受信者として困惑してしまうことがある。

「受信者を泣かせたい」、そんな意図が透けて見える報道は〝サービス過剰〟ではなかろうか。たとえば事件や事故、天災などの被害者やその周囲にマイクを突き付けて、コメントを強要するなど〝悲劇〟に仕立てようとすることだ。

談志が、こんな話をしていた。

阪神・淡路大震災の後、九州のとある建築会社が「被災者に二百戸の家を無償で提供する」と申し出たらしい。しかし、被災地からは返事がなかったのだという。

つまり、報道にしか接することができない受信者側は、「被災者の役に立ちたい」という感情が湧き出て「お役に立ちたい」と行動を起こしてしまうことがある。

それは報道があまりに悲劇的であるからだ。もしかすると、当の被災者は、そこまで悲劇的ではなかったのかもしれない。談志は、このように「被災者＝かわいそう」という脊髄《せきずい》反射のような見方をしてしまうことを、危険視していた。

「弱者に優しくしすぎること」で、「優越感を満たす」。

人にはそんな醜い部分がある、と談志は訴えたかったのではないか。

しかし、日本は天災の多い国である。

「自分が、いつ弱者になるかわからない」、そんな覚悟をしていたほうがよさそうだ。

談志は同時に「被災者＝助けてもらって当然」という態度にも、敏感だった。

席を譲られて礼を言わなかった高齢者や、「助けられたり優遇されたりして当然」という顔をしている被災者に、「ありがたいと思うべきだ」ときちんと指摘をしていた。確かに「弱者だから」と優遇されても感謝をしないのは、おかしなことだろう。

「弱者を救うことで、優越感に浸るな」「助けてもらって、当然と思うな」

談志が10年以上も前から発信していたメッセージを、今こそ噛みしめたい。

他者への想像力

46

What to believe

他人に無邪気に善意を
強制することほど、
たちが悪いことはない

チャリティ活動やボランティア活動を、進んで行うのは、素晴らしいことだ。

しかし、それに人を誘うのは、よしたほうがいい。誘われたほうは、非常に断りにくいからだ。

「飲みに行こう」「麻雀をしよう」などという遊びの誘いなら、断るのはまだ容易だ。良心はさして痛まない。しかし「困っている人を救うためにチャリティ活動をしよう」という声がけに、ノーとは言いにくい。

「冷たい奴だと思われるのではないか」という思いが、どうしても先に立つ。

そもそも〝善意〟なんて、人から誘われたり、人から強制されたりして発揮するものではないだろう。

「ボランティア」(=volunteer/自らの意志で、公共性の高い活動に参加すること)という元の英単語の通り、自発的に行動するものだ。

つまり、困っている人のために「一緒にいいことをしましょう」「ご協力をお願いします」と呼びかけるのは鈍感な行為だと気付いたほうがいい。

微妙なニュアンスに気付かず、他人に善行を強制する人間に、談志は違和感を持っていた。

とあるパーティーの会場で「芸人のXさんを救おう」という趣旨で、募金箱が回ってきたときのこと（Xさんは、確か体調を崩し休業されていた）。参加者たちが、何の疑義も差し挟まず進んで募金をしている中、談志はその募金箱から数枚の札を抜き取ろうとしたのだ。無論、それは談志一流のパフォーマンスである。周りにもウケていた。しかし、そのときの談志の真意を理解していた人間は、皆無だったのではなかろうか。

「Xさんを救うため」という立派な大義名分があるにせよ、「突然、被害者意識をぶつけてこられる」という点に、談志は恐らく不躾さを感じていたのだろう。

考えてもみてほしい。パーティー会場で、突然募金箱を回されたとしても。お洒落な小ぶりのバッグに合わせるため、クレジットカードと最低限の小銭しか持ち合わせていない人がいたかもしれない。さらに言うと、羽振りが良さそうに見せかけていても、実際の家計は火の車で「千円すら払いたくない」という人もいたかもしれない。

それなのに、募金箱を回されてしまったら。協力しない人間は白眼視されることになる。つまり善意を強制されたことで「恥をかく」など実害を被る人間が出てしまいかねないのだ。追い込まれている「Xさんのために」という無邪気な善意が、別の人間を追い込むとは、なんと皮肉な話だろう。

「そんなことにすら想像が及ばない、デリカシーの欠如した人間とは、距離を置かせてもらう」

それが談志の流儀だった。

このように、チャリティ活動には難しい一面がある。しかし「多様な価値観がある」とわきまえていれば「他人に善意を強制する」といった愚行は避けられるだろう。

この項目を総括すると、次の談志のひとことに収斂《しゅうれん》される。

「私は〝河原乞食〟だから絶対に他人を救わない。人からもらうことしか考えない」

超訳すると「善意を強制するな」という含羞《がんしゅう》に満ちたメッセージなのである。

エピローグ

最後までお読みいただき、ありがとうございました。

立川談志の人生は受難の連続でした。

16歳で柳家小さんに入門以来、その生意気さで徹底的にいじめられたと聞きます。そして売れて時代の寵児になってからも、大阪でヤクザに絡まれ日本刀で斬り付けられたこともありました（翌日お見舞いに来た毒蝮三太夫さんがその傷口を見て「あー、貯金箱みてえだ」と言ったのはあまりにも有名です）。

国会議員当選も、不必要な敵をつくったという意味においては一つの受難でしょう。

その後「小さん師匠からの破門」という受難があり、立川流という一門を設立したことも、私のような弟子を抱えてしまった受難につながっています。

数多の受難によってさらにその覚悟が磨かれることになり、その結果当人は圧倒的な高みにまで到達したのです。

この本で集められた金言至言の特徴をひとことで言うならば、「パラドックス」でありました。

それは、「凡人には理解できない」というより、「馬鹿な奴には理解されたくない」という思いからきたものであり、受け手に拒否反応を起こさせるような「劇薬」でもありました。

そんな「劇薬」の中に、「弟子からの受難の象徴」でもある私に対して遺してくれた「俺に殉じてみろ」という言葉がありました。

これはつまりは、「俺に殉じることによって、お前はこの世界での生存権を手に入れることができるんだ」という意味に他なりません。

実際昨年より続くコロナ禍の中、私自身落語の仕事が壊滅的に減らされつつも、この本を含めた作家業務で何とか家族を養えていられることを思うと、やはり談志の劇薬的な言葉は「パラドックス」的に正しかったのだと確信します。

談志は革新的改革的な日々を送り続けました。自らの落語のスタイルを当初の

「リズムとメロディ」重視から「イリュージョン」優先へと切り替えていったのがその何よりの証拠でもあります。ただ、当の本人は「誰が何と言っても俺は保守の側だ」とも言い切っていました。

「変わらないでいるために、常に変わり続けていた」のが談志だったのです。

このように逆説的なロジックで構成されていた談志の言葉は、「幾重にも施錠された宝箱」であり、真の意味での知性という鍵がないと開けられないものだったのです。

あれから10年。

あのときより、世の中が「よりわかりやすく」「より親切に」と舵を切っていくような印象が漂います。

その結果、かえって世間は不寛容で、余計に窮屈さが増しているなあと思うのは気のせいでしょうか。

無論、全人類がそっちのほうがいいだろう、そっちのほうが世の中はよくなるだろうという選択肢を選び続けた結果、こうなっただけですので、誰のせいでもありません。

実際その証拠に、2021年現在、非生産的な人々に対する軋轢《あつれき》はますます強くなってきています。

「困難さ」「面倒くささ」を拒否してゆくはずなのに、より「冷たく」「手厳しく」なってゆく「パラドックス」。

この「難問」を解くのは、この本をここまで読んでくださったあなたです。

この社会に器用に順応するのではなく、不器用なまま踊りきる人間が、そんな社会を変えていくのだと思います。

この本を読んで、談志のような粋な人間が一人でも増えることを願います。

落語立川流真打ち　立川談慶

参考文献

『江戸の風』（立川談志著／dZERO）
『談志の遺言』（立川談志著／宝島社）
『立川談志まくらコレクション 夜明けを待つべし』（立川談志著／竹書房文庫）
『立川談志まくらコレクション 風雲児、落語と現代を斬る！』（立川談志著／竹書房文庫）
『立川談志まくらコレクション 談志が語った“ニッポンの業”』（立川談志著／竹書房文庫）
『努力とは馬鹿に恵えた夢である』（立川談志著／新潮社）
『現代落語論』（立川談志著／三一新書）
『立川談志自伝 狂気ありて』（立川談志著／ちくま文庫）

立川談慶

（たてかわ・だんけい）

1965年、長野県上田市(旧丸子町)生まれ。
慶應義塾大学経済学部を卒業後、株式会社ワコールに入社。
3年間のサラリーマン体験を経て、1991年に立川談志18番目の弟子として入門。
前座名は「立川ワコール」。2000年に二ツ目昇進を機に、立川談志師匠に「立川談慶」と
命名される。2005年、真打ち昇進。慶應大学卒業の初めての真打ちとなる。
著書に『ビジネスエリートがなぜか身につけている 教養としての落語』
（サンマーク出版）などがある。

不器用なまま、踊りきれ。超訳 立川談志

2021年10月15日　初版印刷
2021年10月25日　初版発行

著者　立川談慶
発行人　植木宣隆
発行所　株式会社サンマーク出版
東京都新宿区高田馬場2－16－11
（電）03－5272－3166
印刷　株式会社暁印刷
製本　株式会社若林製本工場

ISBN978-4-7631-3939-9　C0030
ホームページ　https://www.sunmark.co.jp